Marco Gasparini

DIE MAFIA
TREUE BIS ZUM TOD

Aus dem Italienischen von Christina Weinig

 BUCHER

INHALT

EINLEITUNG

Der Begriff »Mafia« steht zu Beginn des 21. Jahrhunderts für recht unterschiedliche Phänomene: kriminelle Organisationen wie die Mafia italoamerikanischer Herkunft, die Russenmafia, die japanische Yakuza sowie die Triaden Chinas. Ein einziges Wort für Strukturen, die sich sowohl historisch als auch geografisch sehr deutlich voneinander unterscheiden.

Ursprünglich wird mit dem Ausdruck »Mafia« jene kriminelle Organisation bezeichnet, die sich in Westsizilien ab der zweiten Hälfte des 19. Jahrhunderts entwickelt. Bereits in dieser Epoche kontrollieren die Clans der ländlichen Mafia weitläufige und einsame Gebiete des sizilianischen Hinterlands, wo sie ungestraft Diebstähle, Vergeltungsmaßnahmen und Erpressungen begehen. Entlang den Küsten um Palermo blüht die Zitrusfruchtindustrie — diese wird verstärkt zum Ziel von Ausbeutung und Drohungen.

Auch das Fehlen fähiger Behörden, die für die Einhaltung der Gesetze sorgen, stärkt die Position der Mafia. Denn sie verübt nicht nur Übergriffe und Repressionen, sie streift sich vielmehr das Gewand des Mittlers über, der Schutz bieten und jedwede Art von Streitigkeit in den seiner Kontrolle unterstehenden Gemeinschaften lösen kann. Nach und nach gelingt es der Mafia so, Wirtschaft und Gesellschaft zu infiltrieren.

Als typisch kriminelle Erscheinung lässt sich die Mafia als eine Gruppe von Personen definieren, die sich illegalen Aktivitäten widmet und ihre Struktur einer strengen Hierarchie unterwirft. Die Mafiosi gehorchen ungeschriebenen Gesetzen und folgen besonderen Ritualen, etwa dem Schwur absoluter Treue — »Treue bis zum Tod« — gegenüber dem eigenen Clan. In Italien gibt es vier Organisationen mit derartigen Charakteristika: die sizilianische Mafia, die neapolitanische Camorra, die kalabrische 'Ndrangheta sowie die apulische Sacra Corona Unita.

Der Begriff »Cosa Nostra« bezieht sich hingegen auf die italo-amerikanische Mafia. Diese entsteht in den Vereinigten Staaten zu Beginn des 20. Jahrhunderts im Zuge der Einwanderung von Kriminellen aus den Regionen Süditaliens. Aus Sizili-

Lucky Luciano (3. v. l.) und das Finanzhirn der Cosa Nostra, Meyer Lansky (4. v. l.), die die sizilianisch-amerikanische Mafia zu einer multinationalen kriminellen Organisation machten, posieren neben anderen Bossen zur Zeit der Prohibition: Paul Ricca von The Outfit, Mafia Chicago (l.), Salvatore Agoglia (2. v. l.), John Senna (5. v. l.) und Harry Brown (r.).

en geflüchtet, schließen sie sich nun ihren Landsleuten an, die bereits in unterschiedlichen illegalen Organisationen aktiv sind – mit neuen Impulsen für die organisierte Kriminialität. Al Capone, Frank Costello, Lucky Luciano und andere große Namen der italo-amerikanischen Mafia beherrschen fortan die verbotenen, äußerst lukrativen Geschäfte.

Innerhalb von 150 Jahren gelingt es der italo-amerikanischen Mafia, an beiden Küsten der Vereinigten Staaten ein kriminelles Imperium zu etablieren. Und ein Ziel ist den unterschiedlichen Organisationen und Kommandos dabei gemein: sich um jeden Preis zu bereichern und die eigene Macht auszubauen – was ihnen dank ihrer außer-

ordentlichen Fähigkeit, sich Zugang zur Welt der Politik zu verschaffen und alle zur Verfügung stehenden Finanzkanäle zu nutzen, mehr und mehr gelang.

Der Grat zwischen Geschichte und Mythos ist manchmal sehr schmal. Es besteht die Gefahr, kriminelle Organisationen wie die Mafia zu verherrlichen und als Phänomen mit Abenteuer-Charakter zu betrachten, übt die Organisation doch seit jeher eine große Faszination auf die Allgemeinheit aus. Dies bezeugen auch die unzähligen Filme, die dem Thema gewidmet sind.
Das vorliegende Buch möchte dem Leser daher das wahre Gesicht dieser Organisation zeigen.

1 Die Anfänge der Mafia

Die geschichtlichen, politischen und wirtschaftlichen Ursprünge eines Phänomens, das tief in Mentalität und Lebensgewohnheiten verwurzelt ist. Die Rituale, Ehrenkodizes und ungeschriebenen Gesetze der Mafia. Die Unterschiede zwischen Mafia, Geheimgesellschaften und Banditentum. Die kriminellen Organisationen Italiens: die Camorra, die 'Ndrangheta und die Sacra Corona Unita.

Eine Mentalität mit langer Tradition

Die um 1860 im westlichen Teil Siziliens entstandene kriminelle Vereinigung unterscheidet sich von anderen verbrecherischen Banden durch ihre stark kulturelle Dimension mit einem gemeinsamen Wertekanon und einer Struktur, die auf einer festen Hierarchie basiert. Die menschlichen Beziehungen innerhalb dieser hierarchischen Ordnung werden von Ehrverständnissen und ungeschriebenen Gesetzen geregelt, die aber nicht weniger verbindlich sind. Durch ihre Fähigkeit, alle Institutionen zu durchdringen und sie mit der Absicht zu korrumpieren, die eigene Vorherrschaft zu festigen – und dabei von Protektion und Straffreiheit zu profitieren –, gelingt es der Mafia, sich in einen echten Staat im Staate zu verwandeln[1], mit eigener Armee und eigener Justiz. So ist die Organisation in der Lage, in dem von ihr kontrollierten Gebiet praktisch unbegrenzt Macht auszuüben und ein Finanzsystem zu installieren, das auf den unterschiedlichsten Formen unrechtmäßiger Bereicherung basiert.[2] Eine der bevorzugten Einkommensquellen der mafiosen Vereinigung ist die Erpressung, in der Umgangssprache als *pizzo* bezeichnet (*lu pizzu* bedeutet im sizilianischen Dialekt »Vogelschnabel«, der in diesem Fall die Geste des Greifens nach dem Geld anderer symbolisiert). Diese Steuer wird von den palermitanischen *cosche* gegenüber Kaufleuten, Industriellen oder Personen, die einem freien Beruf nachgehen, erhoben.

Das Rätsel um die Ursprünge

Die Suche nach den Anfängen der Organisation und der Herkunft des Wortes »Mafia« gibt noch

Wenn Mythos und Geschichte eins werden: Einigen fantasievollen Theorien zufolge gehen die Ursprünge der Mafia auf die Sizilianische Vesper (1282) zurück. Ein französischer Soldat belästigt eine junge Adlige und löst damit die Reaktion des Volkes gegen die Vorherrschaft der Anjou aus. Die Legende verleiht der kriminellen Organisation eine ihr nicht zustehende edle Gesinnung. Gemälde von Domenico Morelli (1826–1901).

heute Anlass zu Diskussionen. Einige bringen den Begriff willkürlich mit patriotisch inspirierten Bewegungen in Verbindung und sehen die Geburtsstunde der Mafia im Volksaufstand der Sizilianischen Vesper, die die Stadt Palermo am Ende des 13. Jahrhunderts während der Herrschaft der Anjou in Aufruhr versetzte.[3] Der Aufstand begann am Abend des 31. März 1282, als ein französischer Soldat namens Droghetto eine junge Adlige auf dem Platz der Kirche Santo Spirito belästigte und sie beschuldigte, unter ihren weiten Kleidern Waffen zu verstecken. Wütend und empört über diesen Vorfall eilten die Palermitaner der Adligen zu Hilfe.[4]

Andere wiederum führen das Phänomen Mafia auf die Vendicosi-Sekte zurück, eine subversive Organisation zu Pferde, die zwischen dem 12. und 13. Jahrhundert bestand und zu allem bereit war, wenn es galt, die Übergriffe der Machthaber zu bekämpfen. Wieder andere sehen die Anfänge in der aufständischen Gruppe Palermos, die die Geheimgesellschaft der Beati Paoli[5] anführte und möglicherweise die Nachfolgerin der Vendicosi-Sekte war.

Die Vermischung von Geheimgesellschaften, Bruderschaften, Sekten und Mafia findet sich auch in offiziellen Dokumenten. Ein Beispiel hierfür ist der Bericht aus dem Jahr 1838, den der Generalbevollmächtigte des neapolitanischen Königs, Pietro Calà Ulloa, an den Justizminister sandte und in dem er unter anderem von einer »Art Sekte« berichtete, die über das Land verteilt sei und einem Anführer unterstünde. Es herrsche ein Klima »allgemeiner Korruption«[6], in dem die Institutionen regelrecht abgetaucht seien.

Die enge Verquickung von Mafia und Territorium

»Die Mafia ist ein mittelalterliches Gefühl; ein Mafioso ist«, wer »unabhängig von Autoritäten und Gesetzen«[7] handelt und in dem von ihm kontrollierten Gebiet die absolute Macht ausübt, auch wenn es darum geht, Lösungen in »Liebesdingen« oder »Interessensfragen«[8] herbeizuführen, die Gegenstand von Konflikten und Zwistigkeiten innerhalb der Familien und örtlichen Gemeinschaften sind.

Diese Definition, die tief in der sizilianischen Tradition verankerte Verhaltensweisen beschreibt, entstammt einer Umfrage, die im Jahr 1876 von zwei jungen Studenten aus der Toskana in Sizilien durchgeführt wurde. Die beiden ernannte man später zu Abgeordneten des Königreichs Italien, dem die Insel 1861 angeschlossen wurde. Leopoldo Franchetti und Sidney Sonnino reisen mit Begleitschutz und mit Revolvern bewaffnet durch Gegenden, in denen die Mafia nunmehr eine feste Institution ist und Banditen unter dem Schutz und im Auftrag der Clans beschlagnahmen, morden, stehlen und Viehdiebstähle begehen.

Die Umfrage wirft ein beunruhigendes Licht auf die politische und verwaltungstechnische Situation Siziliens; diese ist der Regierung in Rom im Übrigen durchaus bekannt, sie zeigt sich besorgt über das Ausufern einer Gewalt, die sie nicht mehr einzudämmen vermag. Franchetti und Sonnino wird gewahr, dass die Mafia in den abgelegenen, fast gänzlich von Verkehrswegen abgeschnittenen Gehöften des Hinterlandes auf fruchtbaren Boden gestoßen ist. Die Banden von Übeltätern treten hier als Herren auf, und die Bauern leben und

Man muss die Mafia vom Brigantentum unterscheiden, das in Italien auf eine lange Geschichte zurückblicken kann. Auf dieser Abbildung begrüßen die Briganten Ludovico Ariosto (1474-1533), Verfasser des berühmten epischen Gedichts Orlando Furioso. Stich um 1833.

Mauzaise pinx.

Ed: Schuler sculpt.

ARIOST.

Carlsruhe im Kunst-Verlag. Creuzbauer.

arbeiten weiterhin unter elenden Bedingungen, in ständiger Angst vor Einschüchterung und Repression. Während die Großgrundbesitzer weit weg von ihren Gütern in barocken Palästen leben, kontrollieren bewaffnete Banden das Gebiet. Zwischen den Großgrundbesitzern und den Banditen herrscht ein eiserner Pakt, ein ungeschriebener, aber nichtsdestoweniger verbindlicher Vertrag, dem ein Gewehrschuss mehr Nachdruck verleiht als alle Gesetze und Gerichte. Im Austausch für die Verteidigung seines Eigentums und die Überwachung der Landarbeiter erlaubt der Baron den bewaffneten Garden, die sich häufig aus Vorbestraften rekrutieren, das Gebiet nach freiem Ermessen auszubeuten. Insbesondere aber gewährt er Straffreiheit, was ihm aufgrund seiner weit reichenden Verbindungen innerhalb der Institutionen möglich ist.

Der landwirtschaftliche Großgrundbesitz, das *latifundium,* lässt sich in Sizilien bis in die Antike zurückverfolgen.[9] Brachliegende, karge Ländereien wurden den örtlichen Honoratioren gegen einen Betrag überlassen, der dank der unermüdlichen Arbeit der Sklaven in Naturalien (dem Zehnten) bezahlt werden konnte. Um das Jahr 1000 entstand unter den Normannen eine Feudalherrschaft, die auch unter der Regentschaft der Schwaben und Bourbonen fortbestand. Derselben hatten sich alle Potentaten der Insel zu beugen, als ob sie die unmissverständlichen Worte des Grafen von Olivares (1587–1645), die dieser seinerzeit gegenüber den Vizekönigen Siziliens geäußert hatte, zu ihrem Motto gemacht hätten: »Mit den Baronen seid ihr alles, ohne sie seid ihr nichts.«[10]

Im Jahr 1812 erhält Sizilien eine neue Verfassung, derzufolge die Barone auf ihre Feudalrechte verzichten müssen. Obwohl per Gesetz abgeschafft, werden die Sonderrechte von den nachfolgenden Vereinbarungen über die Nutzung der Ländereien jedoch bewahrt. Die Fessel der Abhängigkeit, die die Bauern schon immer an die Grundbesitzer gekettet hatte, nimmt nun die Form eines Pachtvertrags an. In dieser Situation taucht ein neuer

Mittler auf, der *gabellotto*: Er verwaltet die Ländereien, um sie dann von den Bauern bestellen zu lassen. Auf diese Weise kann er Gewinn (die *gabella*) erwirtschaften, mit dem er den Eigentümer und die verschiedenen Glieder in der Kommandokette ausbezahlt; dazu gehören in erster Linie die *campieri*, berittene Privatmilizen mit Überwachungsfunktion. Am Ende der Pyramide stehen die Bauern, deren Löhne so gering sind, dass sie oft Kredite zu Wucherzinsen aufnehmen müssen. Dieses System wird von den *gabellotti* mit Umsicht verwaltet. Dank des Geldes aus der Ausbeutung der Ländereien und dem, was sie von den Baronen erpressen, werden sie schon bald zu den Besitzern der umfangreichen Grundstücke. Die alten Eigentümer, die verstärkt Drohungen und Erpressungen ausgesetzt sind, müssen diese oftmals zu Schleuderpreisen verkaufen.[11]

Die Mafia – ein soziales Phänomen

Die ländlichen Clans, die sich in der bäuerlichen Umgebung geformt haben und oft als die »einzig mögliche Form der mafiosen Vereinigung«[12] angesehen werden, entsprechen nur zu Teilen dem Bild, das wir heute von der Mafia haben: einer Organisation, der es gelingt, die Gesellschaft durch ein Netz von Beziehungen zu infiltrieren, das von der untersten Ebene ausgeht (*sottomondo*) und bis in die Spitzen der Institutionen (*sovramondo*) vordringt. Bei alldem folgt sie immer der Logik des Profits. Die Abschaffung des Feudalsystems und die Notwendigkeit der Barone, ihr Eigentum auch mithilfe der »Handlanger des Verbrechens« verteidigen zu müssen, erklärt allerdings nicht ausreichend, warum die Mafia von Anfang an im westlichen Teil Siziliens Fuß gefasst hat und nicht im östlichen oder in den zahlreichen anderen Regionen Europas, wo die Abschaffung des Feudalismus den kontinuierlichen Zusammenbruch der für das *Ancien regime*[13] typischen Strukturen bedeutete.

Um die Entstehung der Mafia zu verstehen, ist es daher notwendig, eine Vielzahl von Faktoren zu betrachten[14] und nicht nur die Rahmenbedingungen, also die Armut und die Isolation der ländlichen Gebiete. Auch die Geschehnisse in der Umgebung Palermos spielen eine Rolle: Hier entstand schon zu Beginn des 18. Jahrhunderts eine Industriekultur, und der Handel mit Zitrusfrüchten begann zu florieren.

Begibt man sich »auf die Suche nach der Keimzelle der heutigen Mafia«, so muss man auf die Zeit unmittelbar vor der Geburtsstunde des Königreichs Italien am 17. März 1861 zurückblicken: Die Struktur der ehrenwerten Gesellschaft nimmt mit der sogenannten *mafia dei giardini* der palermitanischen Conca d'oro um 1860 immer deutlichere Formen an. Der Mafioso hat in diesem Zusammenhang eine Doppelrolle inne: Einerseits ist er Unterdrücker, andererseits aber auch Vermittler, bei dem man, in Ermangelung einer Autorität, die fähig und willens ist, Gesetze anzuwenden, bei jeder Art von Problemen Hilfe sucht. Die elementarsten Rechte können so zu Privilegien zurechtgebogen werden – dank der Fürsprache einer Organisation, die sich den Anstrich von Gutwilligkeit und Mitgefühl gibt, die eingreift, um Streitigkeiten zu schlichten oder die Beleidigung einer Frau durch einen Freund zu rächen. Der Begriff »Mafia«

Die Regierung stellt sich auf die Seite der Großgrundbesitzer. Das Kabinett von General Roberto Morra di Lavriano erhielt vom König Italiens die Vollmacht, den Aufstand der fasci blutig niederzuschlagen (1891–1894). Zeichnung von D. Paolucci.

taucht erstmals in einem offiziellen Dokument aus dem Jahr 1865 auf, in dem Polizeibericht des Präfekten von Palermo, Filippo Antonio Gualterio.[15] Schon zu dieser Zeit gesellt sich zu der sogenannten hohen Mafia in gelben Handschuhen[16], bestehend aus Grundbesitzern und *gabellotti*, aus korrumpierten Honoratioren und Staatsbeamten, eine »niedere Mafia«. Diese besteht aus skrupellosen Wasserträgern, die von der Spitze als äußerst wirksames Instrument der »lokalen Regierung«[17] eingesetzt wird.

Die Verflechtung von Mafia und Politik

Nachdem die Einigung Italiens vollzogen ist, erobert die Mafia nach und nach immer wichtigere Bereiche. Sie breitet sich in einem Klima aus, in dem all jene Präfekten, Carabinieri und Ordnungskräfte, die von der Regierung in Rom entsandt wurden, um die neue politische und soziale Ordnung zu etablieren, nur noch »wie das Standbild der Justitia inmitten einer Bande von Übeltätern«[18] wirken können.

Wie viele andere Städte schloss sich auch Castelvetrano in der Provinz Trapani dem Volksaufstand der »fasci« an und wurde im Jahr 1893 zum Schauplatz gewalttätiger Auseinandersetzungen. Zeichnung von D. Paolucci.

Demonstranten stürmen die Straßen von Castelvetrano (1893). Um den Aufstand, der ganz Sizilien erfasst hatte, niederzuschlagen, rief die Regierung den Belagerungszustand aus und musste die Hilfe des Militärs in Anspruch nehmen.

Der Einheitsstaat, der sich entschlossen hatte, den Aufstand der sizilianischen Fasci im Jahr 1894 blutig niederzuschlagen, verschärfte die im Volk herrschende Unzufriedenheit, die durch verschiedene Probleme genährt wurde: das Fehlen einer echten Agrarreform und die schwierigen Lebensumstände. Beispielhaft hierfür sind die Schwefelminen[19] der Insel, in denen die *carusi*, Kinder zwischen acht und elf Jahren[20], nackt in einer infernalischen Hitze arbeiten und bis zu 30 Kilogramm schwere Säcke schleppen mussten.

Die Verschlechterung der Beziehungen zwischen Zentralregierung und Bevölkerung sollte zur weiteren Stärkung der Mafia beitragen, aber auch die Ausbreitung der politischen Linken in Sizilien fördern. Die Linke wird von den Clans als Feind betrachtet, der ihre Interessen bedroht und dessen sie sich zu entledigen versuchen, indem sie seine gefährlichsten Repräsentanten eliminieren. Ein Ziel, das auch die Zentralregierung verfolgt. Nicht zufällig endet der Aufstand der Fasci mit der Verfolgung von Politikern und Gewerkschaftern, etwa dem sozialistischen Abgeordneten Giuseppe de Felice Giuffrida (1859–1920).[21] Vom Militärgericht Palermos zu 18 Jahren Haft verurteilt, verbüßt er nur zwei Jahre davon im Gefängnis, ehe er begnadigt und anschließend zum Provinzpräsidenten und Bürgermeister Catanias gewählt wird – an die Spitze des ersten linken Stadtrates dieser Stadt. Giuffrida gelingt es jedoch, seine Unabhängigkeit gegenüber den offiziellen Parteiorganen zu bewahren und klar gegen die kriminellen Organisationen Stellung zu beziehen. Mafia und Zentralregierung hegen nun den gemeinsamen Wunsch, den Vormarsch der sozialistischen Kräfte in Süditalien aufzuhalten.

Zu dieser Zeit beginnt die Mafia, sich dem Drucken von Falschgeld zu widmen (eine der Haupttätigkeiten der palermitanischen Clans)[22] und ihr Interesse für das öffentliche Auftragssystem zu bekunden, das vornehmlich in den Händen der

Banco di Sicilia liegt. 1899 gerät diese Bank ins Kreuzfeuer eines berühmten Prozesses, in den durch den Mord an dem Marchese Emanuele Notarbartolo einige mit der Mafia in Verbindung stehende Persönlichkeiten verwickelt sind.[23] Fest entschlossen, die Geschicke der Bank wieder zum Positiven zu wenden, hatte der Marchese eine umfassende Reorganisation durchgeführt, die auf Transparenz beruhte, aber mit den Interessen der örtlichen Honoratioren kollidierte. Am 1. Februar 1893 wurde Notarbartolo im Zug auf der Strecke zwischen Termini Imerese und Trabis mit 27 Messerstichen ermordet. Man beschuldigte zwei hohe Vertreter aus dem Umfeld der sizilianischen Clans des Verbrechens; 1899 erteilte die Abgeordnetenkammer die Genehmigung, gerichtlich gegen den Parlamentarier Raffaele Palizzolo als Auftraggeber des Mordes vorzugehen. Im Jahr 1901 verurteilt, wurde er 1905 vom Schwurgericht Florenz aus Mangel an Beweisen freigesprochen.

Rituale, Kodizes und Bräuche
Die erste Beschreibung eines Mafiaschwurs in Sizilien findet sich in einem Bericht der Polizei von Palermo über den Uditore-Clan aus dem Jahr 1876. Die geheime Zeremonie wurde von Generation zu Generation weitergegeben und hat sich beinahe unverändert bis in die heutige Zeit erhalten. Der Pate (von *parrinu*, was im sizilianischen Dialekt Pfarrer bedeutet) übernimmt gegenüber

Die Justiz wandelt auf unsicherem Terrain. Die Verurteilung von Raffaele Palizzolo, sizilianischer Abgeordneter und Hauptauftraggeber des Mordes am Generaldirektor der Banco di Sicilia, Emanuele Notarbartolo, wurde letztendlich aus Mangel an Beweisen aufgehoben.

dem Clan die Verantwortung für die Auswahl eines neuen Anwärters, der sich besonderen Mutproben unterziehen muss. Zu Beginn der Zeremonie erklärt der Pate seinem Schützling die Regeln der Organisation: Er darf niemals Verrat üben, muss seine Mitbrüder unterstützen und darf deren Mütter, Ehefrauen, Töchter und Verlobte nicht belästigen. Sodann folgt die *punciuta* (der Stich), die darin besteht, die Hand, in der der »Getaufte« seine Waffe hält, zu durchstechen. Dies geschieht mit einer goldenen Nadel, dem Dorn eines Bitterorangenzweiges oder der Spitze eines Messers, wobei das Blut des Mafianeulings über ein Bild mit der Verkündigung Mariens fließen muss. Während das Heiligenbild in seinen zu einem Kelch geformten Händen brennt, spricht der Anwärter die feierlichen Worte: »Ich schwöre, der Familie treu zu sein. Wenn ich untreu werden sollte, soll mein Fleisch verbrennen so wie dieses Heiligenbild.«

In den Anfängen scheint es üblich gewesen zu sein, von dem Anwärter des Weiteren zu verlangen, auf ein an der Mauer angebrachtes Kruzifix zu schießen – was ebenfalls den Entschluss des neuen Mafioso symbolisiert, zu allem bereit zu sein, auch zum Mord an den Menschen, die ihm am nächsten stehen. Ähnliche Initiationsrituale wurden in jüngster Zeit vom FBI in den Vereinigten Staaten (zum Beispiel in Medford, Massachusetts, am 29. Oktober 1989) aufgenommen oder nach Zeugenaussagen rekonstruiert.

Von Anfang an bedienen sich die Mafiosi einer Codesprache, um sich einander zu erkennen zu geben oder die gemeinsame Zugehörigkeit zu einer Gruppe zu bekunden. Die Mitglieder der Bruderschaft von Favare bedienen sich beispielsweise

eines raschen Austausches von schlagfertigen Bemerkungen, der aus seltsamen theologischen Verweisen besteht und mit einer vorgeschriebenen Frage beginnt: »Wen sollt ihr anbeten?« – »Die Sonne und den Mond«, antwortet daraufhin der Befragte. »Und wer ist euer Gott?«, fährt Ersterer fort. »Das Gold«, muss der andere nun antworten, eine Anspielung auf eines der Spielkartenzeichen (In den Regionen Süditaliens hat das Kartenblatt die Farben Gold oder Geld, Stab, Kelch und Schwert. Für die Mitglieder der neapolitanischen Camorra steht auch heute noch das Kelch-Ass als Synonym für ein Todesurteil). »Und welchem Königreich gehörst du an?« – »Dem des Zeigefingers«, schließt der Befragte und verweist damit auf die Organisation, der er angehört, sowie auf deren hierarchische Struktur.

Die Unterschiede zwischen Mafia, Geheimgesellschaften und Banditentum

Es ist nicht verwunderlich, dass Mafia, Geheimgesellschaften und Banditentum häufig durcheinandergebracht werden. Zwar ähneln sich Initiationsrituale und Sprachcodes, doch unterscheiden sich Ziele und Grundstruktur der Mafia, in Sizilien wie in Amerika, stark von denen der Organisationen mit revolutionärem Charakter. Bei der Mafia ist immer die Gewinnabsicht vorherrschend, während bei revolutionären Organisationen die Verschwörung gegen die etablierte Macht im Vordergrund steht – trotzdem bediente sich die hohe Mafia in gelben Handschuhen zur Erlangung ihrer Ziele auch junger Leute, die ursprünglich vom Geist der Revolution beseelt waren. Ein Beispiel hierfür sind

Sizilianische picciotti. Die Mafia rekrutierte ihre Soldaten auch unter denjenigen, die an der Seite der Garibaldini gegen die Bourbonen gekämpft, sowie denjenigen, die sich dem Ruf zu den Waffen im Heer des neuen Königreichs Italien verweigert hatten.

die *picciotti* der Schlacht von Milazzo (1860), die von der Mafia als Auftragsmörder rekrutiert wurden.

Die Mafia ist diesen Betrachtungen zufolge keine Sekte, sondern ein Phänomen, das viel tiefer in der Kultur, dem Land und der Gesellschaft Siziliens verwurzelt ist. Deshalb ist sie auch vom Banditentum zu unterscheiden, das sich besonders im 19. Jahrhundert auch in anderen Regionen Süd- und Norditaliens ausbreitete. Die Banditen wurden zunächst oftmals mit revolutionären Ideen zu ungesetzlichem Handeln verleitet und trugen zuweilen ungewöhnliche Kleidung, um sich vor den Gendarmen zu verstecken; diesen Zweck erfüllte auch die Kutte des Michele Pezza, genannt Frà Diavolo (1760–1806), Bandit, neapolitanischer Patriot und verstoßener Mönch, der von den Franzosen gehenkt wurde, weil er die Bevölkerung zur Rebellion aufgestachelt hatte.

Im Jahr 1986 wird der Mafioso Tommaso Buscetta den italienischen Richtern erzählen, dass das französisch-freimaurerische Ritual nur eine »Kopie unseres Schwurs« ist. Die mafiosen Zeremonien orientieren sich an denen der religiösen Bruderschaften und Sekten, jedoch nur, um ihren Mitgliedern das Gesetz des Schweigens (*omertà*) aufzuerlegen und damit unter Androhung des Todes den Verrat des Clans zu verhindern. Der Mafia beizutreten kommt, so Richter Falcone, »einer religiösen Konversion gleich«, und zwar in dem Sinne, dass »nichts vor und nichts nach ihr kommt«.

Die anderen kriminellen Organisationen Süditaliens

Die Mafia unterscheidet sich doch in einigen Belangen von den anderen kriminellen Organisa-

LE PROCÈS DE LA CAMORRA
Les accusés enfermés dans la « gabbione »

tionen:[24] der neapolitanischen Camorra, der kalabrischen 'Ndrangheta und der apulischen Sacra Corona Unita, wobei Letztere weit weniger verbreitet ist als ihre beiden »Mitschwestern« und ihr Hauptbetätigungsfeld im Zigarettenschmuggel besteht. Die Camorra trat in Kampanien zur selben Zeit[25] auf den Plan wie die Mafia, was möglicherweise auf die häufigen Begegnungen zwischen Sizilianern und Neapolitanern zurückzuführen ist, die infolge des beständigen Personalaustausches stattfanden, den der Bourbonenkönig Ferdinand II. während seiner Regierungszeit anordnete.[26]

Über die Ursprünge der Camorra gibt es bisher nur Vermutungen: Ende des 19. Jahrhunderts bezeichnete sie sich als »Schöne reformierte Gesellschaft« in Anlehnung an eine spanische Geheimgesellschaft des 16. Jahrhunderts. Im einheimischen Dialekt bedeutet *camorra* Schlägerei oder Streit, *camorrista* bezeichnet eine streitsüchtige Person. Um ihre Gewandtheit und körperliche Kraft zu demonstrieren, duellierten sich die Anhänger der »Schönen reformierten Gesellschaft« noch zu Beginn des 20. Jahrhunderts nach dem Vorbild des bei den Aristokraten so beliebten Brauchs, wobei sie allerdings statt Schwertern Messer verwendeten. Der Begriff zeigt Ähnlichkeiten zu einigen Wörtern arabisch-spanischer Herkunft: »Republik« heißt auf arabisch *gumuria* und auf türkisch *kumurijet*. Und in der Tat schuf die »Schöne reformierte Gesellschaft« eine auf Erpressung (*camorra* ist auch Synonym für *pizzo* beziehungsweise Bestechungsgeld) basierende »Republik des Verbrechens«, die sich von der mafiosen Organisation durch eine horizontale Hierarchie unterscheidet, die nicht die Koordinierung der verschiedenen Clans untereinander aufweist, wie dies bei der sizilianisch-amerikanischen Cosa Nostra der Fall ist.

Kalabrien ist das unangefochtene Reich einer anderen kriminellen Vereinigung, der 'Ndrangheta. Der Name geht sehr wahrscheinlich auf das griechische *andragathia* für Solidarität zurück (Kalabrien war Teil der *Magna Graecia* und wurde von den Griechen Anfang des 8. Jahrhunderts vor Christus besiedelt). Die Solidarität passt perfekt zur Idee der Blutsbande, undurchdringlich für jede Infiltration von außen und ein Merkmal der kalabrischen Familien (*'ndrine*), die sich schon seit Langem illegalen Tätigkeiten widmen, die sie weit ausgedehnt haben; von Norditalien über ganz Europa nach Amerika und Australien.

Mafia und Camorra vereint durch denselben Ehrenkodex

Trotz ihrer unterschiedlichen historischen und gesellschaftlichen Ursprünge haben Mafia und Camorra eines gemeinsam: Gewalt und Repression. In Neapel zum Beispiel bestrafte man untreue Frauen durch einen Schnitt ins Gesicht (der sogenannte Liebesschnitt); gegen Bezahlung auch solche Personen, die Grobheiten begingen oder sich weigerten, die von den Männern der ehrenwerten Gesellschaft erteilten Befehle zu befolgen (der sogenannte Schnitt auf Bestellung). Zwischen 1830 und 1840 war der Schnitt zum Zweck der Einschüchterung oder Bestrafung so weit verbreitet, dass die Behörden mit Entschlossenheit eingreifen mussten, um diesem barbarischen Brauch ein Ende zu setzen.[27]

In diesem Klima starker sozialer Unterdrückung kommt es auch in Kampanien zu schweren Verbrechen. Der folgende Prozess zeigt beispielhaft die Schwierigkeit auf, eine endgültige Verurteilung der Schuldigen zu erreichen, wenn die Interessen der Camorra betroffen waren. Am 6. Juni 1906 wird in Torre del Greco, in der Provinz Neapel, die mit Stockschlägen und Messerstichen malträtierte Leiche von Gennaro Cuocolo gefunden, einem einfachen Mitglied der ehrenwerten Gesellschaft. Seine Frau Maria Cutinelli wird in der gemeinsamen Wohnung in der Via Nardones erstochen. Das auf Wohnungseinbrüche spezialisierte Paar lieferte den Camorristi Informationen und Abdrücke von Schlössern der herrschaftlichen Häuser, die ausgeraubt werden sollten. Dank der Enthüllungen eines Vertrauten, Gennaro Abbatemaggio, genannt *o cucchiarello* (der kleine Löffel), gelingt es den Carabi-

Für die Camorristi hatte der Schnitt eine doppelte Bedeutung: die sichtbare Bestrafung untreuer Frauen sowie die Zeichnung jener, die ihren Befehlen nicht gefolgt waren.

Linke Seite:
Verurteilungen und Freisprüche: Das im Jahr 1912 vom Gericht in Viterbo erlassene Urteil gegen die Mörder Cuocolos und seiner Frau wird aufgehoben, nachdem Abbatemaggio seine Aussagen, auf die sich die Klageschrift stützte, zurückzog.

nieri – sie ermitteln anstelle der neapolitanischen Polizei, die im Verdacht der Korruption steht –, die Fakten zu rekonstruieren. Das Ehepaar Cuocolo wurde im Auftrag der Camorra ermordet, weil man es beschuldigte, ein doppeltes Spiel zu spielen und auch den Ordnungskräften Informationen zu liefern. Am 22. Oktober 1907 eröffnet der stellvertretende Generalstaatsanwalt gegen 47 Angeklagte das Hauptverfahren. Der Prozess, in der Zwischenzeit nach Viterbo verlegt, endet im Jahr 1912 mit der Verurteilung von verschiedenen Angeklagten zu insgesamt 354 Jahren Haftstrafe. 15 Jahre später zieht Abbatemaggio – wahrscheinlich auf Druck der Camorristi – seine Aussage zurück. Der Fall wird nicht wieder aufgerollt. Er zeigt hingegen deutlich die Schwierigkeiten auf, eine rechtskräftige Verurteilung zu erwirken, wenn die Interessen der Camorra im Spiel sind.[28]

Rechte Seite:
Die Leiche von Maria Cutinelli, die in ihrer Wohnung von Camorristi erstochen wurde.

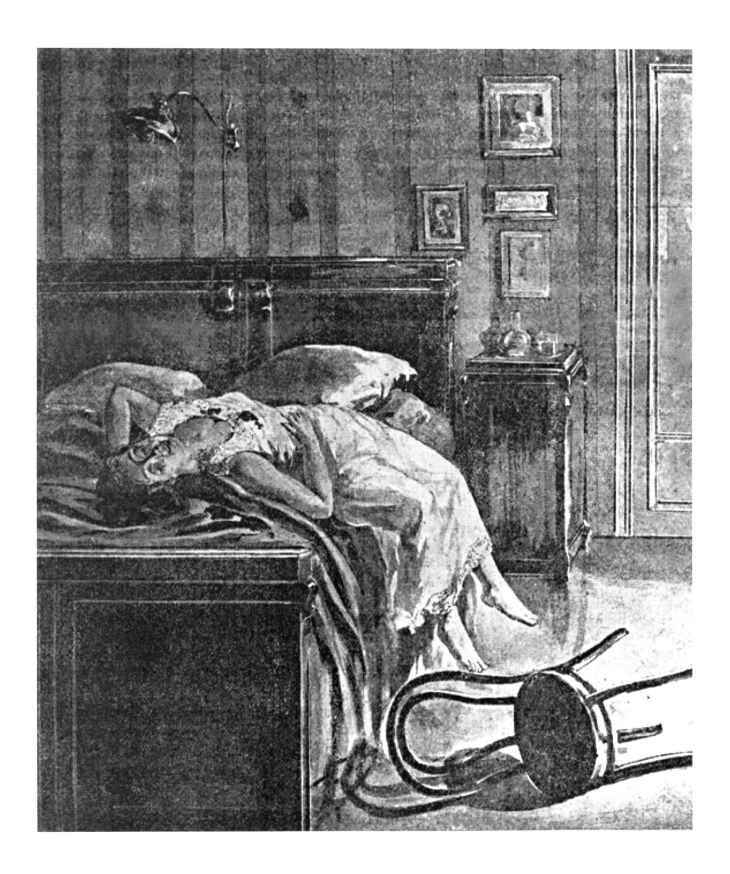

DIE URSPRÜNGE DES BEGRIFFS »MAFIA«

Das älteste Dokument[1], in dem das Wort »Mafia« auftaucht, soll aus dem Jahr 1658 stammen: Dort erscheint es als Beiname einer Hexe namens Catarina la Lacatisa, die sich der Zauberei widmete.[2] Das erste Wörterbuch des sizilianischen Dialekts, das den Begriff *maffia* im Sinn von Not, Elend verzeichnet, ist das von Traina (1868). Hiernach handelt es sich um ein neues Wort, das von den Piemontesen aus der Toskana importiert wurde, als diese zurzeit von Garibaldis »Zug der Tausend« nach Sizilien kamen. Andere Interpretationen führen die Vokabel auf das arabische Wort *marfud* zurück, von dem möglicherweise das sizilianische *marpiuni* (Schwindler; *marpiusu-mafiusu*[3]) oder ein anderes arabisches Wort, *mahias*, abstammt, das die Begriffe Schönheit, Perfektion, Großzügigkeit und Freiheitsstreben (von den Unterdrückern) in sich vereint, was allerdings kaum mit der Aura vereinbar ist, die

die Clans schon damals umgab. Einer anderen Version zufolge bedeutet *mahias* Steinhöhle und bezieht sich auf die Stollen, in denen die Rebellen Unterschlupf gefunden hatten. Sie wurden von den Mafiabossen organisiert, um die Landung Garibaldis zu unterstützen. Im Zusammenhang mit den feudalen Strukturen könnte die Bezeichnung Mafioso auf die Arroganz und Prahlerei der bewaffneten Garden hindeuten, die von den Großgrundbesitzern zur Kontrolle ihrer Ländereien eingesetzt wurden. Die Mafia der Anfangszeit hat auch eine eigene, teilweise nahezu unverständliche Sprache.[4] So bedeutet zum Beispiel *pezzu di 90* Sippenbündnis, *tappu d'aciu* (Kanalschacht) Carabiniere, *zaffa* Polizei und *astutato* (ausgelöscht) bezeichnet einen Toten, der mit der *lupara* (Flinte mit abgesägtem Lauf) zum Schweigen gebracht wurde.

1. L. Sciascia, *Cruciverba*, Mailand 1998, S. 165. In der Auflistung derer, die an dem Aufodafé teilnahmen, das im Jahr 1658 in Palermo zelebriert wurde, scheint der Begriff Maffia in Verbindung mit dem Namen der Caterina la Lacatisa, genannt Maffia, aufzutauchen.
2. L. Sciascia, *La storia della mafia*, in: *Storia illustrata*, Mailand 1972, Nr. 173, S. 34.
3. S. Lupo, *Storia della mafia*, S. 49.
4. M. Pantaleone, *Mafia e politica*, S. 22 ff.

DIE MAFIA DER GÄRTEN

Um Mitte des 19. Jahrhunderts erscheint der westliche Teil des Hinterlandes von Palermo (die Conca d'Oro) den Reisenden wie eine Art Garten Eden[1], der im krassen Gegensatz zu der wüstenartigen Gegend des angrenzenden Territoriums steht. Ausgedehnte Weinberge, Obst- und Gemüsepflanzungen (*giardini*) sind Zeichen einer florierenden Landwirtschaft, die hauptsächlich auf den Handel mit Zitrusfrüchten ausgerichtet ist. Vom städtischen Hafen aus stechen Schiffe in See, beladen mit Kisten für die internationalen Märkte in London und New York. Bereits seit Ende des 18. Jahrhunderts versorgte die königlich englische Marine ihre Crew mit großen Mengen an Zitronen, um Skorbut vorzubeugen und zu heilen. Im Jahr 1840 verwendet man in England zur Aromatisierung des berühmten Earl Grey-Tees[2] die Essenz einer anderen Zitrusfrucht: der Bergamotte. All dies trug dazu bei, die Conca d'oro zu einer florierenden Agrarregion zu machen, mit Erträgen, die sogar höher waren als jene der üppigen Obstplantagen rund um Paris. Im Unterschied zum Großgrundbesitz wurden die Güter, auf denen Zitrusfrüchte angebaut wurden, größtenteils von Kleinunternehmern betrieben. Doch die ergiebigen Obstplantagen, die extrem hohe Anfangsinvestitionen erforderten, hatten auch einen Schwachpunkt: Um reiche Ernten zu erbringen, benötigten sie Wasser. Die Brunnenwächter (*fontanieri*)[3] wurden so gemeinsam mit den Bewachern der *giardini* (*giardinieri*), die sich unter anderem als Schmuggler verdingten, zu Protagonisten der mafiosen Organisation, die ihre ganze Aufmerksamkeit auf die Pflanzungen richtete. Für diejenigen Grundbesitzer, die sich gegen die Machenschaften des Verbrechersyndikats – bestehend aus Erntediebstählen oder Erpressung von Schutzgeldern – wehrten, war die Lage aussichtslos: sie mussten zusehen, wie ihre Pflanzen entweder vertrockneten oder von Gewehrsalven zerstört wurden. Regie in diesem System führte eine Clique von Geschäftemachern und Mittelsmännern, die sich um die Kontrolle des Territoriums blutige Schlachten lieferten. Straffreiheit garantierte ihnen dabei ein schwacher, um nicht zu sagen abwesender Staat: die Bewohner der Ortschaften wurden von den Bossen und lokalen Honoratioren manipuliert, die als sozusagen totalitäres Regime[4] letztendlich sogar Politik und Institutionen beherrschten.

1. V. Ceruso, Le sagrestie di Cosa Nostra, Newton Compton editori, Rom 2007, S. 29.
2. J. Dickie, Cosa Nostra, la mafia sicilienne de 1860 à nos jours, S. 53 ff.
3. S. Lupo, Storia della mafia, S. 118.
4. G.C. Marino, Storia della mafia, S. 94 ff.

2 Die Mafia in den USA

Die Auswanderung italienischer Krimineller in die USA und die Geburtsstunde der Schwarzen Hand in New York. Die Verbindungen zwischen dem Alten Kontinent und der Neuen Welt. Die Mafia in New Orleans: Ermordung des Polizeihauptmanns David C. Hennessey. Al Capone und die Zeit der Prohibition. Frank Costello und das Glücksspiel. Vito Genovese, Carlo Cambino und andere Gangster made in Italy.

Die Ankunft der Sizilianer in Ellis Island und die Entstehung der Schwarzen Hand in New York

Zwischen 1876 und 1925 überqueren eineinhalb Millionen Sizilianer den Ozean mit dem Ziel Ame-

rika (dies sind beinahe zwei Drittel aller Migranten, die die Insel verlassen, um ihr Glück im Ausland zu suchen); allein zwischen 1901 und 1914 gehen 800 000 Personen[1] in Amerika von Bord – auf der Flucht vor der wirtschaftlichen Depression und den Repressionen der italienischen Regierung als Antwort auf die Revolte der Fasci.[2]

Auf völlig überfüllten Dampfschiffen, beladen mit Koffern, Körben und verschnürten Pappkartons, landen Scharen von Reisenden auf Ellis Island, einer kleinen Insel in der Manhattan-Bay. Unter ihnen befinden sich auch Vorbestrafte und Flüchtige aus Sizilien, wo die Polizeichefs alle Hebel in Bewegung gesetzt haben (von der Ermahnung bis zur Verbannung der Angeklagten an einen Zwangswohnort), um den aufkommenden Clans das Wasser abzugraben.[3]

Um das Jahr 1890 wird New York zum Schauplatz eines neuen Phänomens. In Little Italy, dem Manhattaner Stadtteil zwischen Mulberry und Elizabeth Street, erhalten Kaufleute und Kleinunternehmer italienischer Herkunft Erpresserbriefe. Sie stammen von der Schwarzen Hand,

Landung auf Ellis Island, New York. Unter die ehrlichen sizilianischen Einwanderer mischten sich Kriminelle, die von der italienischen Polizei gesucht wurden.

Linke Seite:
*Die Einwanderer-
familien
transportieren ihr
Hab und Gut in
Taschen und
verschnürten
Koffern.*

einer Organisation, die hauptsächlich aus sizilianischen, auf Erpressung spezialisierten Einwanderern besteht.

Bei der Unterzeichnung ihrer Briefe bedient
sich die Schwarze Hand[4], deren Name auf eine
anarchistische spanische Gesellschaft aus der Zeit
der Bourbonen zurückgeht, einer ebenso deutli-
chen wie bedrohlichen Symbolsprache: Eine von
Totenköpfen und Fäusten umrahmte Hand sig-
niert die Forderung nach ungeheuren Geldsummen, mit deren Zahlung die Opfer verhindern
können, dass ihre Habe einem Brand oder
Sprengstoffattentat zum Opfer fällt oder gar sie
selbst beraubt oder ermordet werden. Das
Erpressungssystem macht selbst vor dem italienischen Tenor Enrico Caruso nicht halt. Von ihm
fordert die Bande, allerdings ohne Erfolg, mehr
als 5000 US-Dollar.[5]

Die Plage greift sodann auch auf andere Städte
wie Saint Louis, Kansas City und Chicago über,
wo eine Gruppe von Geschäftsleuten, die es leid
sind, den unfähigen Institutionen bei der Bekämpfung dieses Phänomens zuzusehen, die Weiße
Hand[6] ins Leben ruft. Die Organisation hat es sich
zum Ziel gesetzt, den Opfern der Erpressung Geld

Rechte Seite:
*Mulberry Street,
Zentrum von Little
Italy in New York
(Foto aus dem Jahr
1900).*

Mercoledì prossimo

Alfred J. Young Collection, N.Y.C.

La Mano Nera

und Hilfe anzubieten. Im Zuge dessen werden auch die Rufe der fremdenfeindlichen Bewegung White Anglo-Saxon Protestant (WASP) laut, die eine angelsächsische Mehrheit unter den Zuwanderern befürwortet und lautstark die These einer ausländischen Verschwörung vertritt. Sie fordert drastische Maßnahmen zur Beschränkung der Zuwanderung. Diese wird tatsächlich im Jahr 1924 durch den *National Origin Act* mit einem Ad-hoc-Gesetz zur »Zuwanderungsquote« reglementiert; die Zuwanderung in die USA wird auf ein Maximum von zwei Prozent der in Amerika bereits ansässigen Landsleute beschränkt. Die Reglementierung betrifft in erster Linie Reisende aus dem Osten und Süden Europas. Unter dem Druck der Behörden löst sich die Schwarze Hand allmählich auf, bis sie in den 20er-Jahren schließlich ganz durch die raffiniertere und effizientere Cosa Nostra ersetzt wird.

Die Mafia in New Orleans

New Orleans Ende des 19. Jahrhunderts: In der Stadt des Jazz vermehren sich Bordelle und Spielhöllen explosionsartig, und auf diesem Nährboden entsteht die amerikanische Cosa Nostra, die von hier aus ihre Verbindungen zur sizilianischen Mafia knüpft.

Am Abend des 15. Oktober 1890 wird der örtliche Polizeichef David C. Hennessey durch Schüsse aus einer Pistole tödlich verletzt. Im Todeskampf gelingt es ihm noch mit letzter Kraft, das Wort *dago*[7] zu murmeln, eine verächtliche Bezeichnung für die sizilianischen Einwanderer. Erstmalig ist nun in den großen amerikanischen Zeitungen von der Mafia die Rede.

Tatsächlich bildet diese Geschichte den tragischen Ausklang eines Bandenkriegs um die Kontrolle des Handels mit Obst aus Europa und Südamerika, der sich, wie der Fisch- und Gemüsehandel, schon fest in sizilianischer Hand befindet.[8] Der Provenzano-Clan, die *stoppaglieri* (Dialektwort, das in der Gefängnissprache eine Person bezeichnet, die »ein Geheimnis bewahren kann«), kontrolliert mit einem System ähnlich dem in Sizilien den Obst- und Gemüsehandel der Stadt. Als die Matranga (*giardinieri*), Feinde der Provenzano-Familie, versuchen, die Herrschaft im Territorium der Rivalen zu übernehmen, kommt es zur Tragödie: Der Streit der Clans nimmt ein blutiges Ende und fordert ein halbes Dutzend Tote.

Die Ermittlungen in diesem Fall werden dem irischstämmigen Polizisten Hennessey übertragen, der seinerzeit ein überaus erfolgreicher Kopfgeldjäger war und durch die Gefangennahme eines berühmten kalabrischen Banditen auf sich aufmerksam gemacht hatte. Letzterer war nach seiner Flucht aus Italien in den USA untergetaucht, weil er in seinem Heimatland wegen 18 Morden gesucht wurde. Auf Hennessey lastet aber auch der Verdacht, mit dem Provenzano-Clan verstrickt zu sein. Die aufgrund seiner Ermordung angestellten Nachforschungen richten sich daher gegen die Mitglieder des Matranga-Clans und finden in einem Klima der allgemeinen Feindseligkeit gegenüber den italienischen Einwanderern statt, deren Farmen nun zur Zielscheibe der *night riders* werden. Diese Banden maskierter Reiter legen nachts Feuer auf den Feldern und vernichten so die Ernte. Durch die Verhaftung von 18 Mitgliedern des Matranga-Clans versuchen die

Ermittler, die spannungsgeladene Atmosphäre zu beruhigen.

Die Jagd auf die *dagos*, vom Bürgermeister der Stadt New Orleans, Joseph A. Shakespeare, noch geschürt, erreicht im März 1891 ihren Höhepunkt, als die Grand Jury 17 der 18 des Mordes an dem Polizisten Hennessey Angeklagten freispricht.[9] Über das Urteil fällt sofort der Schatten der Korruption, was die sozialen Spannungen weiter verschärft. So macht sich der Verdacht breit, dass es den Mitgliedern der *giardinieri* gelungen sei, 75 000 Doller zu sammeln, um die besten Anwälte zu engagieren und – vielleicht auch – um einige der Geschworenen »umzustimmen«.

Die vom Ausgang des Prozesses enttäuschten Bürger richten ihren Zorn sodann auch gegen italienische Einwanderer, die gar nichts mit der Sache zu tun haben, und bewerfen diese mit Steinen, kaum dass sie das Schiff verlassen haben. Einige Zeitungen der Stadt rufen die Bevölkerung sogar zur Selbstjustiz auf. Am Morgen des 14. März marschieren etwa 6000 Personen zu dem Gefängnis, in dem die freigesprochenen Angeklagten auf ihre Entlassung hinfiebern, und skandieren: »Wir wollen die *dagos*!« Dem Gefängnisdirektor John Davis gelingt es nicht, der wütenden Menge Einhalt zu gebieten, und so lässt er die Angeklagten in den Frauentrakt verlegen. Einigen gelingt es, hier vorübergehend Zuflucht zu finden, andere werden erbarmungslos gelyncht. Die Körper der ermordeten oder im Todeskampf befindlichen Unglücklichen hängt man an den Bäumen der Trame Street auf, wo ein Exekutionskommando von 30 aus den Reihen des »Wachkomitees« ausgewählten Schützen seine Wut

Attentat auf das Gefängnis von New Orleans, 14. März 1891. Der Lynchmord an den Italienern, die vom Mord an Polizeihauptmann David C. Hennessey freigesprochen wurden, ist Teil einer Reihe von Ereignissen, die zeigt, welche Präsenz die Mafia in den Vereinigten Staaten bereits hatte.

abreagiert. Die Jagd auf die *dagos* gerät zu einem der dunkelsten Kapitel in der Geschichte der italo-amerikanischen Mafia. Die Ereignisse lösen eine diplomatische Krise zwischen Italien und den Vereinigten Staaten aus, die erst ihr Ende findet, als der amerikanische Präsident Benjamin Harrison der italienischen Regierung eine Entschädigung für die Hinterbliebenen anbietet.

Die Rolle der Paten

Die Verbindungen zwischen Alter und Neuer Welt intensivieren sich nun auf krimineller Ebene dank des konstanten Zustroms junger Leute mit mafioser Vergangenheit. Auf der Flucht vor polizeilicher Verfolgung konnten sie aus Italien emigrieren, um sich in der Neuen Welt in den Dienst ihrer kriminellen Landsleute zu stellen, die bereits vor Ort waren und illegalen Tätigkeiten nachgingen. Und die zukünftigen Handlanger des organisierten Verbrechens passieren in mehreren Wellen die Brücke, die die sizilianische Mafia mit den Clans der amerikanischen Cosa Nostra verbindet.

Zu dieser Zeit spielen die sizilianischen Paten bereits eine führende Rolle bei der Organisation der Amerikareisenden, sie kontrollieren de facto die illegale Einwanderung: Gegen horrende Entgelte werden den Clans nahestehende Personen, darunter Militärdienstverweigerer oder Vorbestrafte, auf Fischerbooten untergebracht, die von Mazara del Vallo in Südsizilien nach Tunis unterwegs sind. Diese haben auch Vieh an Bord, das sie von den Feldern zwischen Agrigent und Trapani gestohlen haben, um es in Afrika zu verkaufen. Auf der Route nach Tunis kreuzen die Fischerboote den Kurs der Überseedampfer, die via Marseille nach New York unterwegs sind und die illegalen Einwanderer an Bord nehmen. Teil derselben mafiosen Kette sind die sogenannten *brokers*, die den Auftrag haben, ihren Landsleuten in den USA Arbeit und Unterkunft zu besorgen.

Zu dieser Einkommensquelle gesellen sich natürlich noch andere, die nicht weniger einträglich sind. Dank der zwischen den Kontinenten geknüpften Kontakte begannen die sizilianischen Mafiafamilien, sich auf den Export von Orangen und Zitronen zu konzentrieren, und die amerikanischen Importeure bieten immense Geldsummen, die sie im Voraus bezahlen, um sich die besten Produkte zu sichern.

Zwischen sizilianischer Tradition und modernem New York

Die Cosa Nostra unterscheidet sich von der Schwarzen Hand durch ihren Aufbau und ihre organisatorischen Fähigkeiten: Sie sorgt dafür, dass die Einwanderer sich in der Neuen Welt – die sie oft als feindselig und diskriminierend wahrnehmen – zurechtfinden. Dank des gut funktionierenden Austauschs mit der Heimat gelingt es der Mafia made in USA, deren Gründer und Anführer größtenteils Sizilianer sind, Bräuche und Verhaltensregeln des ländlichen Siziliens an das neue Umfeld einer industrialisierten Gesellschaft anzupassen und im Land mit dem höchsten Lebensstandard ein kriminelles kapitalistisches System zu installieren. Von Anfang an versuchen die sizilianisch-amerikanischen Mafiaorganisationen, sich die gewinnbringendsten Import-Export-Geschäfte zu sichern. Waren die Erpressungsmethoden der Schwarzen Hand von Brutalität gekennzeichnet,

so bedienen sich die Mafiaorganisationen weit raffinierterer Techniken. Gegen den *pizzo*, das Schmiergeld, bietet die Cosa Nostra ihren Opfern, hauptsächlich Kleinunternehmer, Schutz an. Dadurch sind die Geschäftsleute in der Lage, sich wachsende Marktanteile zu sichern und ihre Konkurrenten aus dem Feld zu schlagen. Einige sizilianisch-amerikanische Mafiosi machen ihr Glück auch mit dem Frauenhandel, der sogenannten *tratta delle bianche*: In die USA emigrierte Gangster wählen sizilianische Frauen aufgrund von Fotografien aus und treten dann mit ihnen in Briefkontakt. Andere Aktivitäten an der Grenze zur Illegalität stehen unter der strengen Kontrolle der Bosse, wie etwa die *Italian Lottery*, eine auf Wucherkredite für italienische Einwanderer spezialisierte Organisation.

Die Cosa Nostra muss allerdings lange kämpfen, um sich auf dem von irischen, deutschen und jüdischen Banden hart umkämpften kriminellen Markt die Vorherrschaft zu sichern. Um dies zu erreichen, zögern die Bosse der Neuen Welt nicht, nach dem Vorbild ihrer sizilianischen Brüder auch die Politik und den Wähler zu instrumentalisieren: Hierbei sind ihnen die sogenannten *repeaters* behilflich, von den Clans gekaufte Wähler, die aufgrund verschiedener Tricks in einer einzigen Wahl mehrere Stimmen abgeben können, um den von den Clans bevorzugten Kandidaten zum Sieg zu verhelfen.

Die Prohibition und Al Capone

In den 20er-Jahren des letzten Jahrhunderts lösen einige Bewegungen in den USA einen regelrechten Kreuzzug gegen den Alkoholkonsum und die ste-

Die Jahre der Prohibition (1920–1933) eröffnen den Gangsterbanden, darunter zahlreiche italo-amerikanische, ein neues und lukratives kriminelles Geschäftsfeld.

Linke Seite:
Eine der vielen illegalen Destillerien, die sich während der Prohibition in den USA ausbreiteten.

Rechte Seite:
Kontrolle und Beschlagnahmung sind nur ein Tropfen auf den heißen Stein angesichts der von Schmugglern (bootleggers) illegal in die Vereinigten Staaten importierten Menge an Alkohol.

tige Verbreitung von als unmoralisch und skandalös erachteten Verhaltensweisen aus. Der 18. Zusatzartikel zur amerikanischen Verfassung, ratifiziert am 16. Januar 1919, verbietet die Herstellung, den Transport und den Verkauf von Getränken mit einem Alkoholgehalt von mehr als fünf Prozent. Diese Politik wird noch verschärft durch die Verabschiedung des Volstead Act, der am 16. Januar 1920 in Kraft tritt: Der *Commissioner of internal revenues* wird dadurch mit besonderen Befugnissen ausgestattet, die die flächendeckende Anwendung des Gesetzes in allen Staaten garantieren sollen.[10]

Womit man nicht rechnete: Für die kriminellen Vereinigungen entpuppt sich diese Maßnahme als ein wahres Geschenk des Himmels. Die wachsende Nachfrage nach Hochprozentigem verursacht eine Vervierfachung des Preises. Spirituosen, nunmehr zur Rarität geworden, passieren weiterhin heimlich die Grenzen zu Kanada und Mexiko; dank der unermüdlichen Aktivität der *bootleggers* (Schmuggler), die ihre wertvollen Kisten kriminellen Banden anvertrauen, die wiederum bereit sind, sie über die Grenze zu bringen und den dürstenden amerikanischen Markt damit zu überschwemmen.[11] Auch die überall im Land verbreiteten verbotenen Destillerien füllen die Kassen der Bosse: In Austin, Texas, entdeckt man einen Betrieb, in dem 500 Liter Alkohol am Tag produziert werden können. Viele Italo-Amerikaner brennen sich ungestört

ihren *bathtub gin* für den Eigengebrauch, unterstützt durch die Protektion der Sizilianischen Union, einer New Yorker Vereinigung, die offiziell Lebensversicherungen verkauft, in Wirklichkeit aber unter der Ägide eines Bosses vom Kaliber Johnny Torrios den Markt des Verbrechens regiert und ihre politischen Interessen durchsetzt. Es fehlt nicht an Tricks zur Umgehung der Polizeikontrollen: Sogar in Revolverläufen versteckt man Miniaturfläschchen mit der wertvollen Flüssigkeit. Zehn Jahre nach Beginn der Prohibition empfangen in New York circa 20 000 Polizisten, hauptsächlich irischer Abstammung, Schmiergelder vom organisierten Verbrechen, damit sie bei den Kontrollen beide Augen zudrücken.[12]

In dieser Zeit beginnt Alphonse Gabriel Capone – alias Al Capone – sich in Chicago einen Namen zu machen.[13] Geboren am 17. Januar 1899 in Brooklyn, New York, wohin seine Familie erst kurz zuvor aus Italien gezogen war, beginnt Capone seine kriminelle Karriere als Rausschmeißer in einem Lokal; er kommt, dank des Alkoholschmuggels, zu einigem Wohlstand. Als *scarface* (Narbengesicht), diese Bezeichnung verdankte er den Narben auf seiner linken Wange, betreibt er als Anführer einer Bande von mehr als 700 Mitgliedern auch andere einträgliche Geschäfte wie Prostitution und Glücksspiel. Unter dem Deckmantel »eines Geschäftsmannes, der die Wünsche der Kunden befriedigt«[14], wie er sich der Presse gegenüber gern darstellte, gelingt es Capone unter dem Schutz einer korrumpierten Polizei, sich jahrelang der Justiz zu entziehen. Nach dem Blutbad vom 14. Februar 1929 jedoch, als sechs Mitglieder der Bande seines erklärten Rivalen George Bugs

Moran, genannt Moran der Verrückte, an der Wand einer Chicagoer Garage mit Maschinengewehren hingerichtet werden – gemeinsam mit einem unschuldigen Augenoptiker, der sich zufällig dort aufhielt –, werden die Behörden auf ihn aufmerksam.[15]

Die Mitglieder der Moran-Bande, alle elegant gekleidet mit Seidenhemden und auffälligen Hüten, wurden mit einer Thompson Kaliber 45 erschossen. Für ihren Anführer ein deutliches Zeichen: Capone wollte nicht mehr in seinen Geschäften behindert werden. Das Massaker löst einen Aufschrei bei der Presse und eine Welle der Empörung in der Bevölkerung aus. Den im Auftrag des Präsidenten Herbert Hoover angesetzten Sonderermittlern gelingt es schließlich, Al Capone wegen Steuerhinterziehung anzuklagen, nicht aber für die zahlreichen Verbrechen, derer er verdächtigt wird. 1932 erhält er eine Geldstrafe in Höhe von mehreren Milliarden US-Dollar und

Al Capone startete seine Verbrecherkarriere als Rausschmeißer in einem Lokal. Dank des Alkoholschmuggels schuf er sich ein Imperium des Verbrechens.

Das Blutbad von San Valentino in einer Garage in Chicago (14. Februar 1929).

wird zu elf Jahren Haft verurteilt, die er größtenteils auf der Gefangeneninsel Alcatraz absitzt. Capone stirbt im Januar 1947 an einem Herzinfarkt, möglicherweise infolge einer Syphilis im Endstadium – acht Jahre nach seiner Entlassung in Florida und ohne je wieder nach Chicago zurückgekehrt zu sein.

Die Paten der Neuen Welt

Frank Costello, 1891 in Kalabrien geboren, ist eine weitere herausragende Persönlichkeit der italo-amerikanischen Mafia. Unter dem Spitznamen »Premierminister der Unterwelt« spezialisiert er sich auf die Installation illegaler Glücksspielautomaten in New Yorker Drugstores. Dieses Geschäft bringt ihm am Tag eine halbe Million US-Dollar ein. Die städtischen Behörden, damals unter dem Einfluss der Tammany Hall, einer der demokratischen Partei nahestehenden Organisation, die jedoch fragwürdige Geschäfte betreibt, Wahlergebnisse fälscht und öffentliche Aufträge in Vetternwirtschaft vergibt, zeigen sich einem Phänomen gegenüber gleichgültig, das erschreckende Ausmaße annimmt. 1934 führt Fiorello H. La Guardia, soeben zum Bürgermeister der Stadt gewählt, eine moralische Säuberungsaktion gegen die Geschäfte des Mafiabosses durch: Mit einer Axt zerstört er in einer ebenso symbolischen wie provokanten Geste einige der beschlagnahmten Glücksspielautomaten, ehe er sie in den Hudson werfen lässt. Costello lässt sich davon nicht allzu sehr beeindrucken und verlegt seine Geschäfte umgehend nach New Orleans. Nach New York kehrte er nur noch sporadisch zurück.

Zu Beginn der 30er-Jahre[16] entsteht die Kommission der Cosa Nostra, das Verbrechersyndikat der italo-amerikanischen Mafia, dessen Struktur erst 1985 vom damaligen Bundesstaatsanwalt für den südlichen Distrikt New York, Rudolph Giuliani, aufgedeckt werden sollte. Bei der Kommission handelt es sich um einen Rat, der unter den Bossen vermitteln und nach dem erbitterten Castel-

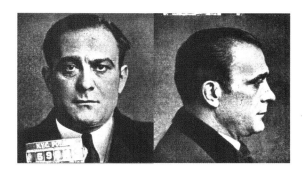

lamarese-Krieg, der unter den mächtigsten Familien New Yorks ausgebrochen war, den Frieden unter den Familien sichern soll. Eine weitere Aufgabe ist die Koordinierung der Interessen in Drogenhandel, Prostitution und Glücksspiel. So legt die Kommission auch die Aufteilung des Territoriums fest und weist den Banden ihre Einsatzgebiete zu.

1954 wird der 1897 in Neapel geborene Vito Genovese Boss der Kommission, die jahrelang von Costello und seinem Verbündeten Albert Anastasia, genannt »Seine Exzellenz der Henker«, angeführt wurde. Genovese, der unter anderem danach trachtet, den Drogenmarkt bis zum Äußersten auszubeuten, tut alles, um den Platz seiner Vorgänger einzunehmen. Zunächst sorgt er dafür, dass Costello aus der Kommission ausgeschlossen wird; am 25. Oktober 1957 lässt er Anastasia ermorden

und folgt dabei dem klassischsten aller amerikanischen Gangster-Klischees: fünf Schüsse in den Kopf, kaum dass der Rivale bei seinem Friseur im Park Sheraton Hotel in New York, an der Kreuzung zwischen der 7. und der 55. Straße, Platz genommen hat. Die Frage der Nachfolge steht im Zentrum des nächsten Gipfeltreffens der Cosa Nostra, das ausnahmsweise im November desselben Jahres in Apalachin, New York, stattfindet. Thema ist unter anderem die Wahl einer neuen Strategie, die durch den vom Kongress verabschiedeten *Narcotic Control Act*, der den Drogenhandel zu einem Bundesverbrechen macht, notwendig geworden war. Eine erfolgreiche Polizeiintervention macht die Pläne Genoveses jedoch zunichte. Im Jahr 1969 stirbt der Boss an einem Infarkt im Gefängnis von Springfield, wo er eine Strafe wegen Drogenhandels verbüßte.[17] Costello stirbt im Jahr 1973 nach einem Herzinfarkt in einem Krankenhaus im New Yorker Stadtteil Manhattan.

1957 besteigt nun Carlo Gambino den Thron der Cosa Nostra. Der am 2. September 1902 geborene, reserviert wirkende Mann könnte nach Meinung einiger Mario Puzo zu der Figur des Paten im gleichnamigen Roman inspiriert haben. Gambino stirbt 1976 in Long Island eines natürlichen Todes. Anfang der Achtzigerjahre ist seine Familie wiederum in kriminelle Geschäfte im Zusammenhang mit der sogenannten Pizza Connection verwickelt[18] – der Name steht für einen Heroinhandel gigantischen Ausmaßes, der nochmals die kriminellen Verbindungen zwischen Italien und den Vereinigten Staaten ins Scheinwerferlicht rücken sollte.

Andere Protagonisten innerhalb der mafiosen Hierarchie, die von sich reden machen, sind beispielsweise Giuseppe Zangara, ein Einwanderer kalabresischer Abstammung, der 1933 zum Tod durch den elektrischen Stuhl verurteilt wird: Er hatte am 15. Februar in Miami, Florida, versucht, den Präsidenten Franklin D. Roosevelt zu ermorden. Es besteht allerdings der Verdacht, dass der ehemalige Schütze der italienischen Armee eigentlich den Chicagoer Bürgermeister Anton Cermak im Visier hatte, erklärter Feind der Chicagoer Unterwelt und seines Bosses Frank Nitti, einem Cousin Al Capones. Während Cermak an der Seite des Präsidenten einherschreitet, trifft ihn eine der sieben von Zangara abgefeuerten Kugeln. Er stirbt nur wenige Tage später im Krankenhaus.

Nicht unerwähnt bleiben darf auch der letzte amerikanische Cosa Nostra-Boss, John Joseph »Johnny boy« Gotti. Der 1940 geborene Nachfolger Gambinos stirbt 2002 hinter Gittern an

Linke Seite:
Von Kalabrien nach New York. Anastasia war im Alter von 17 Jahren in den USA von Bord gegangen. Ehrgeizig und erbarmungslos durchlief er schnell die einzelnen Hierarchiestufen der Mafia und wurde zu einem gefürchteten Paten.

Rechte Seite:
Hinrichtungen mafiosen Stils: Anastasia wurde in einem von ihm häufig aufgesuchten Friseursalon in Manhattan umgebracht.

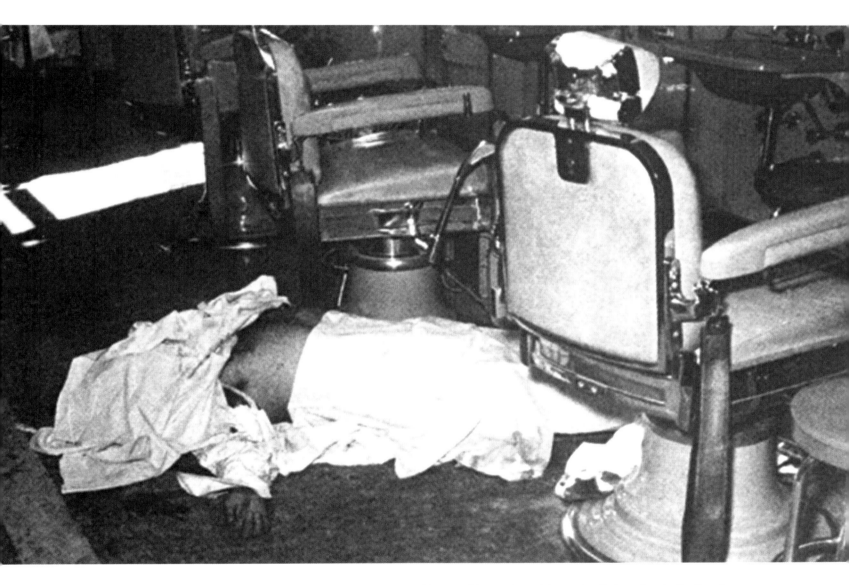

Kehlkopfkrebs, nachdem es dem FBI endlich gelungen war, den Mafia-Boss zu überführen und er wegen dreifachen Mordes 1992 zu einer lebenslänglichen Haftstrafe verurteilt worden war. Gotti wurde auf dem Saint-John-Friedhof in New York beigesetzt. Während der 200 000 US-Dollar teuren Feierlichkeiten defilieren 22 Limousinen hinter der Bahre durch die Straßen von Queens. Man darf zu Recht daran zweifeln, dass dies das Ende der langen und blutigen Geschichte der italo-amerikanischen Mafia ein-läutet.

3 Lucky Luciano.
Die Cosa Nostra
und die internationale Politik

Der Aufstieg Lucky Lucianos in der Cosa Nostra und die Kontrolle des Arbeitsmarkts durch die Gewerkschaft der Hafenarbeiter. Die Mitwirkung der sizilianisch-amerikanischen Mafia bei der Landung der Alliierten 1943 in Sizilien. Die Rolle Lucky Lucianos und Calogero Vizzinis. Die mutmaßliche Beteiligung der Cosa Nostra an der Ermordung John F. Kennedys 1963 in Dallas.

Der Aufstieg Lucky Lucianos in der Cosa Nostra

Die Weltwirtschaftskrise, die durch den Börsencrash in New York am 29. Oktober 1929 ausgelöst wurde, bringt die amerikanische Regierung dazu, ihre Politik der Prohibition zu überdenken. Diese findet in der Öffentlichkeit immer weniger Zustim-

mung. Die Regierung beschließt nun, der Ausbreitung der organisierten Kriminalität und der Korruption den Kampf anzusagen. Im Dezember 1933 wird der 18. Zusatzartikel zur Verfassung der Vereinigten Staaten von Amerika, der Transport, Verkauf und Herstellung von Alkohol verbietet, aufgehoben. Die Befürworter dieser Maßnahme sind davon überzeugt, dass der wirtschaftliche Aufschwung und die Legalisierung dieser Branche die Schaffung Tausender von Arbeitsplätzen[1] garantieren kann – und das in einem Land mit nunmehr 15 Millionen Arbeitslosen (das entspricht einem Anteil von circa 25 Prozent der Arbeitskräfte).

Die neue politische Linie zwingt die Mafiabosse, sich neu zu organisieren und andere Absatzmärkte für ihre kriminellen Geschäfte zu finden. Um die Aufmerksamkeit des Fiskus nicht auf sich zu lenken, beginnen einige sizilianisch-amerikanische Bosse, ihre Gewinne in nach außen hin unverdächtig wirkende Geschäfte zu investieren: so etwa in die Herstellung von koscherem Geflügelfleisch oder in Brooklyner Bestattungsunternehmen. Letztere bieten gleich zwei Vorteile: Sie dienen der Geldwäsche und ermöglichen es der

Lucky Luciano setzte in der Cosa Nostra eine Reform in Gang, wobei er mit dem traditionellen Schema der »alten« Mafia brach, um ihrer Struktur und ihren Geschäften ein internationales Gesicht zu geben.

Made in Italy: Joe Bonanno bezog sich auf eine anachronistische Vorstellung der Cosa Nostra, die noch sehr dem geschlossenen Kreis der sizilianischen Familien verbunden war.

Cosa Nostra nebenbei, sich elegant ihrer Opfer zu entledigen – sie werden einfach in Särgen mit doppeltem Boden beigesetzt. Indessen war es infolge der faschistischen Repressionen in Sizilien Ende der 1920er-Jahre zu einer neuen Einwanderungswelle von Mafiosi gekommen, die die Aussicht lockte[2], in der Neuen Welt reich zu werden: Im Jahr 1926 beschlagnahmte die italienische Polizei im Hafen von Palermo ungeheure Mengen an Opium, das in Kisten für den Zitrusfrüchte-Transport in die Vereinigten Staaten gefunden wurde.[3]

Diese beiden Entwicklungen werden zu Auslösern eines Umformungsprozesses der italo-amerikanischen *underworld*, bei dem New Yorker Bosse vom Kaliber eines Joe Bonanno und Salvatore Maranzano, die den Grundstein zur Kommission der Cosa Nostra legen, Regie führen. Bonanno und Maranzano sind allerdings *native born italians*,

Männer der alten Schule, die sich nicht von ihren Landsleuten unterscheiden und die man ihrer pomadigen Haare wegen *greasers* nennt oder in Anspielung auf ihre langen Schnurrbärte *mustaches Petes*. Außerdem sprechen sie ein skurriles Englisch, in dem beispielsweise *bricklayer* (Maurer) zu *bricchiliere* wird und Brooklyn *Broccolino* heißt.

Zur selben Zeit tritt nun der 1897 in Lercara Friddi, Sizilien, geborene Salvatore »Charlie« Lucania alias Lucky Luciano auf den Plan. Seinen Spitznamen verdankt der Boss dem Erfolg beim Glücksspiel oder vielleicht auch der Tatsache, einen Mordversuch überlebt zu haben, bei dem man mit Messern und Pistolen bewaffnete Auftragskiller auf ihn angesetzt hatte, um ihn aus dem Weg zu räumen, ehe er an die Spitze der Cosa Nostra aufsteigen konnte.[4] Luciano beseitigt seine Rivalen und rangiert das alte Mafiamodell aus, das auf einer hierarchischen Struktur basiert, die an

Wie alle großen Bosse hatte Lucky Luciano keine Angst, sich in der Öffentlichkeit zu zeigen – vielmehr galt es, die Macht und die Unberührbarkeit der Mafia zu demonstrieren. Hier lässt er sich von seinem Anwalt bei einem Spaziergang begleiten.

Mafia und Propaganda: Luciano gibt zahlreiche Interviews und soll auch die nicht autorisierte Biographie The Last Testament of Lucky Luciano *von Martin Gosch und Richard Hammer inspiriert haben.*

die römischen Legionen[5] erinnert und einzig Einwanderern italo-amerikanischer Herkunft vorbehalten ist. 1931 verleiht er der Kommission, dem Verbrechenssyndikat der Cosa Nostra, ein neues, dem modernen Amerika entsprechendes Gesicht.[6] Im *Syndacate* finden sich nun alle Familien vereint: in erster Linie die Familien New Yorks, aber auch die Familien Chicagos, wo die Organisation *The Outfit* genannt wird, sowie die Familien aus der Stadt Buffalo, die sich *The Arm* nennen. Luciano führt einen *consigliere*[7] ein, eine Art Ombudsmann, der die Aufgabe hat, für Frieden unter den Familien zu sorgen und bei Konflikten als Schlichter zu vermitteln. Er internationalisiert die sizilianisch-amerikanische Mafia, indem er einen Freund aus Jugendtagen zu seiner rechten Hand macht: Mejer Suchowljansky, ein Jude weißrussischer Herkunft, genannt Meyer Lansky. Auch die große Bedeutung religiöser Traditionen, denen die sizilianischen Familien stark verhaftet sind, möchte Lucky verringern, denn diese tragen dazu bei, dass sich die Familien nach außen hin abschotten, anstatt für Veränderungen offen zu sein. In *The Last Testament of Lucky Luciano*, der nicht autorisierten Biografie von Martin Gosch und Richard Hammer, die möglicherweise vom Boss selbst angeregt wurde[8], spricht Luciano über Mafia-Familien, deren Umgebung »von Kreuzen, religiösen Bildern, Statuen der Jungfrau Maria und von Heiligen«, von denen er »noch nie etwas gehört hatte«, geradezu überquoll. Über seinen Gegenspieler Salvatore Maranzano sagt er, dass dieser »der größte Kreuz-Fan der Welt sei, er trüge sie sogar in den Hosen- und Jackentaschen mit sich; überall, wo er sich aufhalte, seien Kreuze«.

Zwar soll die Cosa Nostra ihr Markenzeichen des *Made in Italy* bewahren und die Regeln der Alten Welt weiterhin respektieren, angefangen mit dem Gesetz des absoluten Schweigens, der *omertà*, und dem Verbot, den Treueschwur gegenüber der Organisation zu brechen (»die Mafia verlässt man nur im Sarg«, war ein beliebter Ausspruch Lucky Lucianos). Dennoch konnte die Mafia nicht einfach nur ein Satellit Siziliens bleiben.[9] Der neuen Strategie ist es unter anderem zu verdanken, dass die amerikanischen Mafiosi sich letztendlich perfekt an die wirtschaftlichen und gesellschaftlichen Gegebenheiten der Neuen Welt anpassen, auch wenn sie weiterhin engen Kontakt zu ihrer Heimat halten. Auf diese Weise gelingt es Luciano, die Organisation in direkten Kontakt mit der *upperworld* der Geschäfte und Institutionen zu bringen.

Die Kontrolle des Arbeitsmarktes

Lucky Luciano beschließt, die exorbitanten Gewinne, die er während der Prohibition erwirtschaftet hat (allein im Jahr 1925 waren es zwölf Millionen US-Dollar, wie er seinem Biografen Martin Gosch später berichtet), in die aufkommenden *rackets* (illegale Geschäfte) zu investieren. Und die Liste der illegalen Geschäfte, die den Bossen fette Gewinne bescheren, ist lang: Pferderennen, Wucher, Prostitution, Drogenhandel, bewaffnete Raubüberfälle, Entführung von Lastwagen und Glücksspiel. Hinzu kommt eine neue Entwicklung auf dem Arbeitsmarkt. Mit den Mitteln der Drohung und Erpressung kontrolliert die sizilianisch-amerikanische Mafia in New York den Fischmarkt in der Manhattaner Lower East Side (*Fulton Fish Market*)[10] durch die *United Seafood Wor-*

Eine alte Ansicht des New Yorker Hafens, wo die Mafia den Import illegaler Waren lenkte und durch die Unterwanderung der Hafenarbeiter-Gewerkschaft Unternehmen und Arbeiter kontrollierte.

kers Union (die Arbeitervereinigung hat das Alleinrecht auf das Entladen der Fischkutter, die aus aller Welt hier einlaufen). Die Gewinnstrategie folgt einer einfachen Logik: Wer im Hafen arbeiten will, muss die von der Vereinigung festgesetzten Löhne akzeptieren. Da die mit den Unternehmen ausgehandelten Lohnerhöhungen auf einem Minimum bleiben, verdienen die Unter-nehmen doppelt: Sie können auf billige Arbeitskräfte zurückgreifen, und das an die Organisation bezahlte Geld garantiert ihnen, dass keine Streiks stattfinden oder die Arbeit in anderer Weise behindert wird.

Zudem knüpft Luciano nun Kontakte zu jüdischen Gangstern, die die Banden der *strike breakers* anführen und den Auftrag haben, die Arbeiter für die Manhattaner Textilindustrie unter Kontrolle zu halten.[11] Als jungem Erwachsenen, Lucky arbeitete gerade in der Versandabteilung einer Hutfabrik, war es ihm gelungen, ein Heroinvertriebsnetz aufzubauen, indem er die Drogen in Hutschachteln versteckte.[12] Nachdem er beim Würfelspiel 244 US-Dollar gewonnen hatte, verlässt er die Firma. Innerhalb kurzer Zeit verdrängt er das Verbrechenssyndikat, das das *Jewish Garment Center* kontrollierte, und wird zur bestimmenden Figur in der Produktion von Herren- und Kinderbekleidung, auch dank seiner Kontakte zur Gewerkschaft der *Amalgamated Clothing*.

Nach und nach erweitert sich der Einflussbereich der Mafia und erstreckt sich alsbald auch auf den New Yorker Hafen: Sie unterwandert die Gewerkschaft *International Longshoremen's Association* (ILA), der auch die Manhattaner Hafenarbeiter beitreten (zwischen 30 000 und 40 000 Arbeiter); und die

Gründung eines Verbrechenssyndikats innerhalb der Hafenanlagen selbst und insbesondere in den Brooklyner Docks, wo Italiener aus dem benachbarten Viertel Red Hook arbeiten, ist der Ausgangspunkt für wichtige Verhandlungen mit den Politikern der Stadt und den Import-Export-Firmen.[13] Die Gewerkschaft besorgt ihren Mitgliedern Arbeit; sie werden in Mannschaften aufgeteilt und stehen unter dem Kommando der »härtesten« Hafenarbeiter. Den Unternehmen garantiert sie »vorteilhafte Löhne«, außerdem sorgt sie für Ruhe. Die bereits bis in die Chefetage vorgedrungenen Bosse fungieren als Mittelsmänner und können so ungestört ihren eigenen Geschäften nachgehen, wie etwa dem Drogenhandel, wobei ihnen Ölfässer aus Sizilien als Versteck dienen.

An der Hafenfront

Nach dem Angriff der Japaner auf Pearl Harbor am 7. Dezember 1941 und dem Eintritt der Vereinigten Staaten in den Zweiten Weltkrieg erhält der Hafen für die Amerikaner auch eine strategische Bedeutung. Die Beteiligung am Zweiten Weltkrieg führt nicht nur zur Schwächung der organisierten Kriminalität, die »im Bereich der illegalen Geschäfte alarmierende Ausmaße erreicht hat«;[14] gleichzeitig stellt sich nun auch die wichtige Frage nach der Sicherheit beim Transport von Truppen und Waffen nach Europa. Die amerikanische Führung blickt mit Besorgnis auf die Docks, in denen eine große Anzahl von Arbeitern deutschen und italienischen Ursprungs tätig ist. Es mehren sich die Gerüchte, denen zufolge sich Informanten der Achsenmächte in den USA aufhalten sollen. Auch bestünde die Gefahr von Sabo-

tageakten auf Material und Schiffe, die zum Auslaufen ins Einsatzgebiet bereit sind.[15] Außerdem herrscht das Gerücht, dass die im Hafen von New York liegenden Fischerboote mit dem einzigen Ziel in See stechen würden, deutsche U-Boote zu kontaktieren, um die Schiffe der Alliierten zu torpedieren.

In diesem Klima wachsender Anspannung geht am 9. Februar 1942 infolge eines mysteriösen Brandes die *Normandie* im Hafen von Manhattan unter. Der unter französischer Flagge fahrende Ozeandampfer war für den Truppentransport bestimmt gewesen. Um weitere Sabotageakte oder Streiks zu vermeiden, plant der Kommandant des Geheimdienstes der amerikanischen Militärmarine (*Naval Intelligence Service*), Charles B. Haffenden, das Projekt »Unterwelt«[16] – es soll dazu dienen, Kontakte zu den Vertretern des organisierten Verbrechens zu knüpfen, die die Arbeit im Hafen kontrollieren. In diese Zeit fällt die mutmaßliche Zusammenarbeit zwischen den amerikanischen Behörden und Lucky Luciano, der gerade eine Haftstrafe zwischen 30 und 50 Jahren verbüßt, zu der er 1936 wegen Zwangsprostitution verurteilt worden war.

Gefährliche Verbindungen

Zweck und Umstände dieser Kollaboration mit den Bundesbehörden wurden nie endgültig geklärt. Nach Meinung einiger Historiker soll die Kooperation mit dem Mafiaboss aufgrund seiner freundschaftlichen Verbindungen zu den sizilianischen Clans es ermöglicht haben, die Befreiung Siziliens im Jahr 1943[17] zu planen. In *The Last Testament of Lucky Luciano* verneint Lucky jeglichen

Ein Plakat aus dem Jahr 1935 zeigt den Ozeandampfer Normandie, der am 9. Februar 1942 im Hafen von New York auf mysteriöse Weise Feuer fing. Dieser Vorfall zwang die amerikanischen Behörden dazu, mit der Mafia Kontakt aufzunehmen, um weitere Sabotageakte zu verhindern.

»Kontakt« dieser Art sowie die ihm unterstellte Rolle bei der Operation »Husky«[18] – die Codebezeichnung für die Invasion der Alliierten in Sizilien. Doch einige Fakten erscheinen unstrittig: Ab 1942 wird der Boss ins Gefängnis von Great Medow verlegt, wo die Haftbedingungen deutlich angenehmer sind. 1946 wird er endgültig aus den Vereinigten Staaten ausgewiesen. Den Erklärungen zufolge, die im Lauf der Vernehmungen durch die Ermittlungskommission zum organisierten Verbrechen (eingerichtet 1951 unter dem Vorsitz von Senator Estes Kefauver) abgegeben werden, soll Luciano gleich nach dem Krieg von den Amerikanern befreit worden sein, als Dank für »wertvolle Dienste, die er dem Militär in Bezug auf die Invasion in Sizilien«[19] geleistet haben soll. Lucianos Informationen und natürlich vor allem seine Position innerhalb der Cosa Nostra hätten vielfach dazu beigetragen, »den Weg zu den amerikanischen Geheimagenten zu ebnen« und so die Insel Sizilien für die Alliierten »zu einem leichteren Ziel« zu machen.

Die Landung der Alliierten auf Sizilien

Die Pläne für die Landung der Alliierten in Süditalien waren in den amerikanischen Stützpunkten Nordafrikas ausgearbeitet worden, nach der Niederlage der Achsenmächte in diesem Gebiet. Ende des Jahres 1942 kreuzen U-Boote vor Sizilien, die sich der Küste nähern[20], um intensive Spionage zu betreiben. Die Operation »Husky« wurde im Januar 1941 von Präsident Franklin D. Roosevelt und dem britischen Premier Winston Churchill in Casablanca, Marokko, beschlossen. Kommandos von Invasoren sollten hinter die feindliche Küstenlinie vordringen und das Gebiet für die Landung der Truppen vorbereiten. Unter den amerikanischen Truppen, die dem Befehl von General George S. Patton unterstehen, waren auch sizilianisch sprechende Soldaten[21]: Sie emigrierten einst in die USA und koordinieren nun die Angriffstruppen. Sie kennen die Örtlichkeiten und landesüblichen Gewohnheiten und haben nun die Aufgabe, mit den Gangstern

Am 10. Juli 1943 landen anglo-amerikanische Truppen auf Sizilien. Die Operation »Husky« soll eine Geheimvereinbarung zwischen den amerikanischen Behörden und der Cosa Nostra gewesen sein.

italienischer Herkunft, die aus den USA ausgewiesen wurden, in Kontakt zu treten. Die Operation »Husky« beginnt am 10. Juli 1943 um 2 Uhr 45 an der südöstlichen Küste Siziliens. Sie gilt als Generalprobe für die Operation »Overlord«, die fast ein Jahr später, am 6. Juni 1944, die Strände der Normandie in Blut tauchen und den Alliierten den Weg nach Berlin öffnen sollte – und letztendlich das faschistische System zum Einsturz brachte.

Doch profitierten die Alliierten bei den Vorbereitungen für die Landung auf Sizilien tatsächlich von der Unterstützung durch die mafiosen Organisationen? Tatsache ist, dass fünf Tage nach der Invasion ein amerikanisches Kampfflugzeug über Villalba sichtbar wird, einem kleinen Örtchen in der Provinz Caltanissetta, auf das sich die motorisierten Einheiten der VII. amerikanischen Division zubewegen. Am Rumpf flattert eine goldgelbe Fahne mit einem großen schwarzen »L« in der Mitte: der Anfangsbuchstabe von *libertà*, »Freiheit«, aber auch von »Lucky«. Eine gelbe Flagge mit dem großen »*L*« ziert auch den Geschützturm eines Panzers, der, wie erzählt wird, wenige Stunden später vor den Toren Villalbas auftaucht, um sich nach Don Calogero Vizzini (Don Calò) zu erkundigen, einem bedeutenden sizilianischen Mafioso.[22] Das Treffen soll von den Geheimdiensten mithilfe von Lucky Lucianos Kenntnissen vorbereitet worden sein.

Wie auch immer es sich nun in Wahrheit zugetragen haben mag, so weisen die Ereignisse weit über Kriegsanekdoten oder einfache Episoden, die irgendwo zwischen Folklore und Abenteuer angesiedelt sind, hinaus.[23]

Porträt des Präfekten Cesare Mori: Die sizilianische Mafia wurde während des Faschismus von ihm stark unterdrückt.

Mächtige Freunde unter den Alliierten

Trotz des harten Vorgehens durch den Präfekten Mori zur Zeit des Faschismus war es Don Calogero Vizzini gelungen, solide Bande zu den bedeutenden Männern der Insel zu knüpfen und sich auch bei den »neuen Invasoren« als wichtige Persönlichkeit zu präsentieren. Der stagnierende Zitrusfrüchte-Export nach Amerika[24], der mit dem Ausbruch des Zweiten Weltkriegs einherging, hatte die palermitanische »Mafia der Gärten« in die Knie gezwungen. Bereits am Ausgang des 19. Jahrhunderts war die Weinproduktion durch die Verbreitung der Reblaus gefährdet gewesen. Die stetig wachsende Nachfrage nach Getreide und Fleisch war für die Familien Innersiziliens dagegen vorteilhaft gewesen, insbesondere für die Familie Don Calogero Vizzinis. Don Calò war einer, der etwas zählte, das beweisen seine zahlreichen Besuche bei der AMGOT-Verwaltung. Die AMGOT, das *Allied Military Government of Occupied Territory*, wurde von Oberstleutnant Charles Poletti koordiniert.

Obwohl laut Poletti »die Mafia eine rein intellektuelle Erfindung« ist und »die AMGOT noch nie etwas von ihr gehört hat«[25], konnte bewiesen werden, dass sowohl sie als auch die Geheimdienste – repräsentiert durch das Office of strategic services (O.S.S., den Vorläufer des CIA) und den *Field Security Service* (F.S.S., der vor allem in der Zeit vor der Landung vor Ort tätig war) – sich für den Einfluss der kriminellen Vereinigungen als durchlässig erwiesen: Nachdem die Insel erobert ist, besetzen die Amerikaner zahlreiche Ortsverwaltungen mit mafiosen Bürgermeistern[26] – Don Calò ist einer von ihnen. Die Alliierten wollen um jeden Preis verhindern, dass der Fall des Faschismus, Synonym für die Befreiung Europas, sich in eine Revolte zugunsten der aufrührerischen Kräfte der Linken wandelt. Sicher ist, dass die »neuen« Invasoren sich dafür in Sizilien nicht allein auf die Unterstützung der Aristokratie und der Landbesitzer verlassen können, wie dies die Engländer in Indien taten, um ihre Kolonialherrschaft zu festigen[27] – sie müssen sich auch der Rückendeckung der hier fest verwurzelten Mafia versichern.[28]

Diplomatenautos und Mafia-Dolmetscher

Weitere Ereignisse bestätigen, dass es zwischen den Befreiern und den mafiosen Vereinigungen recht enge Beziehungen gab. Noch einmal treten Charles Poletti und die AMGOT ins Rampenlicht: 1944 wird in Neapel, während die Truppen der Engländer und Amerikaner weiter in Italien vorrücken, ein italo-amerikanischer Boss als Dolmetscher[29] eingesetzt – kein Geringerer als Vito Genovese, der 1936 aus den USA geflüchtet war, wo er unter Mordan-

klage stand. Am Fuße des Vesuvs findet er, ganz in der Nähe seines Geburtsorts, ein neues Zuhause. Genovese besitzt einen leistungsstarken Nachrichtenempfänger, ähnlich denen, die die Spione verwenden, und er schenkt dem italienischen Prokonsul Charles Poletti einen Packard Sedan 1938, für dessen Dienstfahrten im Auftrag der AMGOT die Behörden sind zu dieser Zeit voll des Lobes, weil der Boss ihnen »zahlreiche Korruptionsfälle meldet«.[30] Es stellt sich außerdem heraus, dass einer der späteren Cosa-Nostra-Bosse, wegen seiner Rolle innerhalb der alliierten Verwaltung von offizieller Seite gedeckt, dies nutzt, um in Süditalien ein ausgedehntes Schmuggelnetz aufzubauen. Auf dem Schwarzmarkt[31] lässt er sich Lebensmittel »vergolden«, die er aus Lastwagen der amerikanischen Armee entwendet. Genovese wird verhaftet und nach New York überführt, wo man ihn vor Gericht stellt. 1946 wird er jedoch von der Mordanklage freigesprochen, weil der einzige Zeuge, der ihn belasten könnte, im Gefängnis vergiftet wird, noch bevor der Boss in den Vereinigten Staaten eintrifft.

Die Cosa Nostra, Kuba und das Kennedy-Attentat

Immer wieder gerät die Cosa Nostra in den Verdacht, in politische Affären internationalen Ausmaßes verwickelt zu sein. So auch im Fall der Exekution Ferdinando Nicola Saccos und Bartolomeo Vanzettis am 23. August 1927 im Gefängnis von Charlestown: Die beiden italienischen Anarchisten waren wegen Mordes an einem Buchhalter und einem Wachmann der Schuhfabrik Slater & Morrill zum Tod durch den elektrischen Stuhl verurteilt worden. In seiner 1973 veröffentlichten Biografie berichtet der italo-amerikanische Gangster Vincent Teresa von einem Gespräch mit einem der beiden Brüder der Morelli-Bande, der sich selbst der Taten bezichtigte, die man den beiden Anarchisten unterstellte. »Ich, Vinnie, war es, und die beiden Dummköpfe mussten herhalten. Sie waren da und wir profitierten davon; daran siehst du, was Gerechtigkeit ist.«[32]

In jüngerer Zeit wird der Name der Cosa Nostra auch immer wieder im Zusammenhang mit der Ermordung des 35. Präsidenten der Vereinigten Staaten, John F. Kennedy, genannt. Anlässlich der bevorstehenden Präsidentschaftswahlen ist Kennedy in Texas unterwegs. Am 22. November 1963, um 12 Uhr 30, als die Präsidenten-Limousine mit offenem Verdeck durch das Zentrum von Dallas fährt, wird Kennedy, der mit seiner Frau Jacqueline im Fond sitzt, von zwei Schüssen an Kopf und Hals getroffen. Der Gouverneur von Texas, John Connally, der direkt vor dem Präsidenten sitzt, wird schwer verletzt. In dem darauffolgenden Durcheinander verlangsamt der Chauffeur die Fahrt – in diesem Moment wird Kennedy von einem dritten Projektil am Kopf getroffen, das den Großteil seines Gehirns zerstört. Die Limousine jagt mit Höchstgeschwindigkeit zum Parkland Hospital, wo Kennedy um 13 Uhr offiziell für tot erklärt wird.

Ein junger Mann namens Lee Harvey Oswald, 24 Jahre alt, wird wenige Stunden später verhaftet, zunächst mit der Anklage, einen Polizisten getötet zu haben. Später wird ihm vorgeworfen, der Kennedy-Mörder zu sein und das Feuer auf die Kolonne mit dem Präsidenten eröffnet zu haben. Er soll aus dem Fenster eines Schulbuchlagers am Platz geschossen haben. Oswald weist die Anschuldigungen zurück und behauptet, ein Bauernopfer zu sein. Während seiner Überführung in das Bezirksgefängnis, weniger als 48 Stunden nach seiner Festnahme, wird der mutmaßliche Mörder Kennedys von Jack Ruby erschossen.

Eine offizielle Ermittlung zu den Geschehnissen in Dallas wird von Earl Warren, dem damaligen Obersten Richter des Supreme Court, durchgeführt und im September 1964 veröffentlicht. Warrens Bericht vertritt die Alleintäterschaft Oswalds, die Unterstützung durch einen Komplizen wird ausgeschlossen. Dennoch behaupten verschiedene Quellen, dass die Ermordung John F. Kennedys nicht das Resultat eines Alleingangs war, sondern eines Komplotts. Zu den Indizien, die eine Verschwörungstheorie stützen, gehört der Amateurfilm von Adam Zapruder, der mit seiner Kamera die fatalen Momente, in denen die Schüsse fielen, auf Zelluloid bannte. Der Film dauert 26 Sekunden. Er wurde der Öffentlichkeit bereits fünf Jahre nach dem Attentat auf den Präsidenten zugänglich gemacht. Im Fotogramm des dritten Schusses wird der Kopf Kennedys gewaltsam nach hinten geschleudert, was die Annahme eines frontalen Schusses stützen

würde[33] und somit die Anwesenheit mehrerer Heckenschützen am Ort des Attentats voraussetzt. Betrachtet man die Bilder – die natürlich manipuliert sein könnten – genauer, so sieht man, dass der Kopf des Präsidenten, dessen starre Haltung vielleicht von den durch das erste Projektil verursachten Verletzungen an der Wirbelsäule herrührt, eine kaum wahrnehmbare Bewegung nach vorn vollführt, ehe er nach hinten geschleudert wird. L.W. Alvarez, Träger des Nobelpreises für Physik[34], hat mit seinen ballistischen Studien gezeigt, dass diese Art der Bewegung immer dann erfolgt, wenn man von hinten schießt. Eine andere Untersuchung kommt jedoch zu Ergebnissen, die die offizielle Theorie von einem Alleintäter untermauern.

Die zweite offizielle Untersuchung, die zwischen 1976 und 1979 vom House Select Committee on Assassination durchgeführt wird, kommt zu dem Schluss, dass mehrere Heckenschützen auf Kennedy geschossen hätten, obwohl es nicht möglich war herauszufinden, wer der Organisator des Attentats war. Tatsächlich behaupteten mehrere Zeugen, von einem kleinen Grashügel am Ende der Dealey Plaza zur Elm Street hin mehrere Schüsse gehört zu haben. Doch auch unter den Befürwortern der Verschwörungstheorie herrscht keine Einigkeit darüber, wer denn nun die potenziellen Auftraggeber des Attentats gewesen sind. Es werden die unterschiedlichsten Theorien gehandelt: Einige möchten die Cosa Nostra »auf der Anklagebank« sehen, andere wiederum die Linken, noch andere die vielen Gruppierungen der extremen Rechten.
Nach Meinung derer, die die Cosa Nostra in der Verantwortung sehen, soll die Organisation die Ermordung Kennedys wegen ihres Interesses an

Kuba geplant haben: Protegiert von Diktator Fulgencio Batista, betrieb die Mafia in Havanna ein Netz aus Prostitution und Glücksspiel. 1947 soll Lucky Luciano dann ein Geschäftstreffen mit den lokalen Paten organisiert haben, um das Netz der kriminellen Geschäfte auf den Drogenhandel mit den USA auszuweiten. 1959 jedoch bricht mit der kommunistischen Revolution Fidel Castros die gesamte Struktur in sich zusammen; ab diesem Moment soll die Cosa Nostra als geschädigte Partei in eine umfangreiche, gegen Castro gerichtete Verschwörung verwickelt gewesen sein, die in der Entscheidung gipfelte, Kennedy zu beseitigen, um seine Politik der Entspannung und des Dialogs mit der Sowjetunion und den kommunistischen Ländern zu hintertreiben. Für diese Theorie spricht unter anderem, dass die Namen der sizilianisch-amerikanischen Mafiosi, die an dem Versuch beteiligt gewesen sein sollen, das Castro-Regime in Kuba zu stürzen, dieselben seien, auf die man auch im Rahmen der Untersuchungen zur Ermordung John F. Kennedys stieß.

Wieder andere Theorien sehen ebenfalls die Mafia als Drahtzieher des Attentats. Sie stützen sich auf abgehörte Telefongespräche zwischen Mitgliedern der Cosa Nostra und sehen den Grund der Tötung darin, dass der amerikanische Präsident sich nicht an den eisernen Pakt gehalten habe, der zwischen seinem Vater Joseph und den kriminellen Vereinigungen bestanden haben soll und die Unterstützung John F. Kennedys bei der Präsidentenwahl zum Ziel hatte.

Den Anhängern der Komplott-Theorie zufolge soll Lee Harvey Oswald nur das ausführende Organ des Mordes an John F. Kennedy gewesen sein. Man vermutete, dass die Auftraggeber im Inneren der Cosa Nostra zu suchen seien. Auf diesem Foto wird Oswald wenige Stunden nach dem Attentat verhaftet. Bei der Überführung in das Gefängnis der Grafschaft Dallas am 24. November 1963 wird er von Jack Ruby ermordet.

4 Die Bande zwischen Mafia und Politik in Italien nach 1945

Das Blutbad von Portella della Ginestra und die Rolle des Banditen Salvatore Giuliano. Die »Strategie der Spannung«: Hat sich der amerikanische Geheimdienst unter die Auftraggeber gemischt? Die Kollisionen zwischen Mafia und Politik. Die »Plünderung Palermos«. Der Aufstieg der Corleonesi. Der Kampf der mutigen Richter gegen die Mafia und die Blutrache der Cosa Nostra. Die Ära der Attentate.

Das Blut der Bauern wird in Portella della Ginestra vergossen

Am Morgen des 1. Mai 1947, in der Hochebene von Portella della Ginestra, einem Ort in der Gegend von Piana degli Albanesi in der Provinz Palermo, versammelt sich eine Gruppe von Bauern neben der für die Kundgebung der kommunistischen Parteimitglieder aufgebauten Tribüne. Der Tag der Arbeit wird gefeiert, aber auch der Wahlsieg des *Blocco del Popolo* in den Regionalwahlen am 20. April, den ersten Wahlen, die auf Sizilien nach dem Ende des Zweiten Weltkriegs stattfinden: Die Koalition der Sozialisten und Kommunisten hat 31 Prozent der Stimmen erhalten. Plötzlich feuert ein Kommando von den Felsvorsprüngen des Massivs von Pelavet aus Schüsse auf die feiernde Menge, die Karren und die festlich geschmückten Zugtiere ab. Es handelt sich jedoch nicht, wie zunächst angenommen, um ein Feuerwerk, sondern vielmehr um eine tödliche

Montelepre: Das Dorf in der Provinz Palermo war schon zu Beginn des 19. Jahrhunderts das Land der Carbonari und Briganten.

Salve aus Bleikugeln. In diesem Blutbad sterben elf Personen (neun Erwachsene und zwei Kinder), und es bleiben zahlreiche Verletzte zurück; einige erliegen den schweren Verletzungen, die ihnen zugefügt wurden. Die Schüsse der Killer wurden durch ein Maschinengewehr des Modells Breda mit Kaliber 30, ein paar leichte automatische Beretta-Maschinenpistolen und Kriegsgewehre mit einer Schussweite von mehr als 1500 Metern abgefeuert. In der Umgebung des Verstecks zwischen den Bergen stellen die Carabinieri mindestens 800 Patronenhülsen sicher.[1]

Die politische Lage in Italien ist zu dieser Zeit noch immer angespannt: Im Verfassungsreferendum vom 2. Juni 1946 musste sich die Bevölkerung zwischen der Monarchie, die das faschistische Regime legitimiert hatte, und der Republik entscheiden. Die Italiener hatten für Zweiteres abgestimmt und gleichzeitig eine Nationalversammlung gewählt, die die neue Verfassungsurkunde aufsetzen sollte (diese wurde am 22. Dezember 1947 verabschiedet). Der gemäßigte Flügel, der sich aus Christlichen Demokraten (35 Prozent der Stimmen), Liberalen und Republikanern (mit ungefähr elf Prozent Stimmanteil) und anderen konservativen Parteien zusammensetzte, hatte die Mehrheit erhalten, wenngleich dicht gefolgt von den Sozialisten (21 Prozent) und Kommunisten (20 Prozent). Um das fragile Gleichgewicht zwischen den Mächten der Atlantischen Allianz und den osteuropäischen Staaten, die durch die UdSSR kontrolliert werden, nicht zu gefährden, versuchen die Vereinigten Staaten, die Zukunft Europas in feste Bahnen zu lenken und den Vormarsch des Kommunismus einzudämmen. Wer jedoch hatte dieses Massaker verübt, an einem Schauplatz, der unter der direkten Kontrolle der Mafia stand?

Am Tag nach der Tragödie erklärt der italienische Innenminister Mario Scelba, dass es sich hierbei um einen einzelnen Vorfall handele, der sich auf Sizilien ereignet habe, mit den besonderen auf der Insel vorherrschenden Bedingungen zusammenhinge und dass hinter dem Blutbad keinerlei politische oder terroristische Motive stünden. Die linken Kräfte rufen ihrerseits den Generalstreik aus und beschuldigen die sizilianischen Großgrundbesitzer, die Arbeiterorganisationen mit Waffengewalt unterdrücken zu wollen. Die Oppositionsparteien sind hingegen der Meinung, dass die Auftraggeber im Kreise der dunklen Interessenvereinigung zwischen Großgrundbesitzern und Mafia zu suchen seien, die sich gegen die Bauern richtete, die seit Langem eine

Linke Seite:
Treuer Leutnant oder Verräter? Der Bandit Salvatore Giuliano (rechts) und seine rechte Hand Gaspare Pisciotta, der verdächtigt wird, Giuliano an die Staatsgewalt ausgeliefert zu haben.

Rechte Seite:
Dieses Bild zeigt den stolzen Blick des Banditen, der es mit den Gesetzen des Staates aufnimmt.

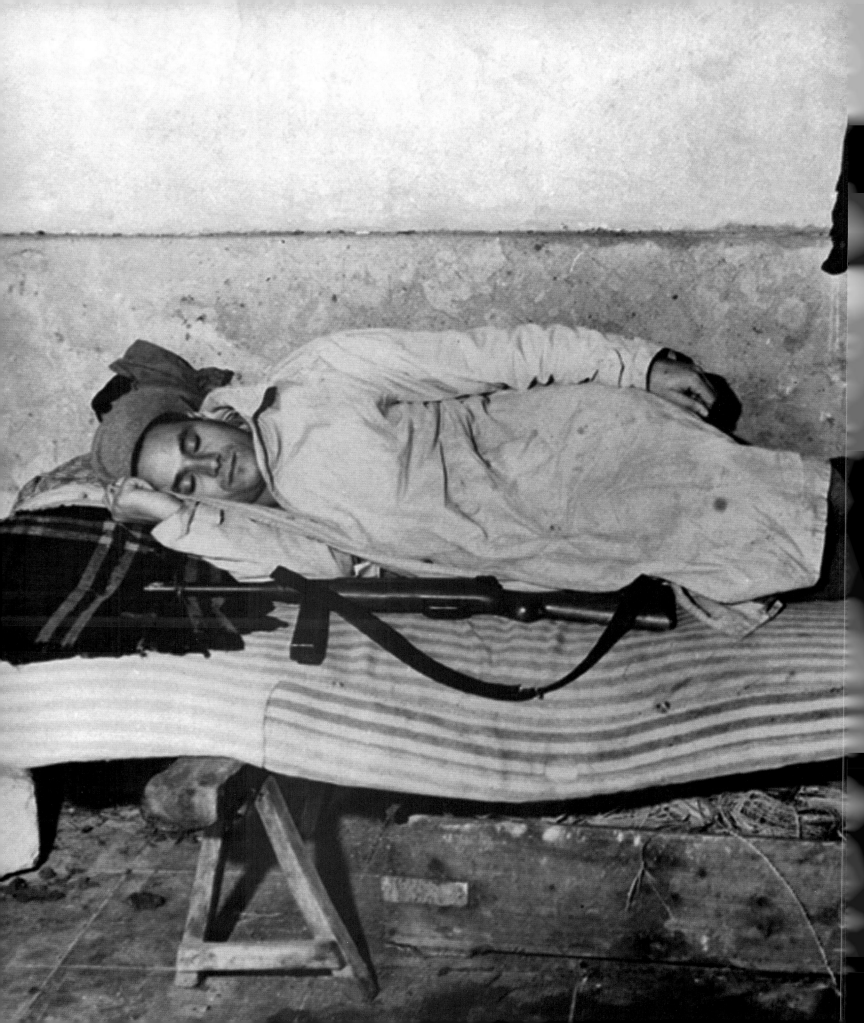

Der »Herr von Montelepre«, Salvatore Giuliano, ruht sich neben einem Maschinengewehr italienischen Fabrikats aus. Die Täter des Blutbads von Portella della Ginestra verwendeten denselben Waffentyp.

gerechtere Landverteilung forderten. Vier Monate nach den Ereignissen ergeben die Ermittlungen eindeutig, dass der separatistische Bandit Salvatore Giuliano und seine Männer auf die Menge geschossen hatten.

Die Rolle von Salvatore Giuliano

Geboren im Jahr 1922 in Montelepre, einem östlich von Palermo gelegenen Dorf, hatte sich Giuliano während des Kriegs den Truppen der Faschisten angeschlossen, die den Vormarsch der Alliierten verhindern sollten.[2] 1945 übernimmt Giuliano das Kommando über die bewaffnete Einheit des *Movimento Indipendentista Siciliano* (MIS). Diese Bewegung fordert die Unabhängigkeit der Insel von der Zentralgewalt in Rom und kann sich anfangs die Unterstützung durch einige wichtige Mafiamitglieder sichern, die mit der Übergangsregierung der Alliierten gemeinsame Sache machen, um die bestehende Ordnung in der Region vor der Gefahr des Kommunismus zu schützen. Obwohl Giuliano und seine Männer den

cosche nahestehen, kämpfen sie an zwei Fronten: Zur Unterstützung der separatistischen Bewegung verüben sie terroristische Anschläge auf die Carabinieri und das italienische Heer und beteiligen sich zugleich an diversen illegalen, gewinnbringenden Aktivitäten, etwa an Entführungen. Im März 1946 entführen Giuliano und seine Bande einen lokalen Grundbesitzer und fordern ein Lösegeld von zehn Millionen Lire, damals eine beträchtliche Summe.

Aufgrund seiner einfachen Herkunft und der geringen Bildung wird Giuliano von der Bevölkerung als eine Art Held der Gerechtigkeit und der Vorrangstellung der *Sicilianità* gegenüber der repressiven Regierung in Rom verehrt – sozusagen als neuer Robin Hood, der das Geld von den Reichen nimmt, um es den Armen zu geben; dieselben Armen, die er jedoch, ohne zu zögern, in Portella della Ginestra bestraft hatte. Doch welche Beweggründe hatte er, und in wessen Auftrag handelte er? Nach den Ereignissen des 1. Mai 1947 legt der Bandit auf seiner Flucht ein widersprüchliches Verhalten an den Tag, wodurch die genauen Umstände der Angelegenheit immer verworrener werden. So erklärt er, dass er bereit sei, wichtige Informationen über die tatsächlichen Auftraggeber des Massakers zu enthüllen, und streitet anschließend ab, im Auftrag Dritter gehandelt zu haben. Auf jeden Fall versucht Giuliano, sich aus der Verantwortung zu ziehen. Dies belegt der Brief, den er den Richtern von Viterbo am 24. April 1950 anlässlich des Prozesses schickt, in dem er und sein Leutnant Gaspare Pisciotta für das Blutbad angeklagt werden: »Ich habe meinen Männern befohlen, 1500 Schüsse in die Luft abzu-

feuern, um die Veranstaltungsteilnehmer zu erschrecken, die entstandene Verwirrung hätte ich genutzt, um die kommunistischen Anführer von der Menge zu separieren … Doch meine Männer waren fast alle Jugendliche, und so feuerten sie die Schüsse auf die Menge ab, und es geschah das, was geschah.«[3]

Giuliano sollte niemals Gelegenheit haben, die Hintergründe des Massakers aufzuklären. Der mit Geschossen durchlöcherte Körper des Herrn von Montelepre wird am 5. Juli 1950 im Hinterhof eines Wohnhauses in Castelvetrano in der Provinz Trapani aufgefunden. Der offiziellen Version zufolge wurde der Bandit in einem Schusswechsel mit den Carabinieri getötet, viele andere Stimmen besagen jedoch, dass Giuliano von seinen eigenen Komplizen verraten und sein Leichnam in den Hinterhof gelegt wurde, als eine Art makabere Inszenierung einer versuchten Festnahme mit blutigem Ende. Hatte jemand vielleicht beschlossen, ihn zum Schweigen zu bringen, um die Spuren, die die Behörden zu den tatsächlichen

Auftraggebern des Blutbads geführt hätten, zu verwischen?

Hintermänner, die im Schatten bleiben

Der Abschluss des Gerichtsverfahrens in Viterbo im Jahr 1951 bestätigt die Theorie, die das Innenministerium am Tag nach dem Blutbad vorgebracht hatte: Für die Ereignisse von Portella della Ginestra sind ausschließlich der Bandit von Montelepre und die Männer seiner Bande verantwortlich zu machen, die hierfür zu einer lebenslangen Freiheitsstrafe verurteilt werden. Die Spur zu den Hintermännern wird jedoch wieder aufgenommen, als Gaspare Pisciotta seine Absicht bekundet, die Hintergründe des Massakers aufzuklären. 1954 wird Giulianos ehemalige rechte Hand allerdings noch vor seiner Aussage im Gefängnis mit einem Strychnin-*caffè* vergiftet. Die Suche nach einer anderen Wahrheit als der durch die Justiz festgesetzten bleibt daher den Historikern überlassen – viele derer sehen das Massaker von

Portella della Ginestra als erste Episode in einer langen Serie von Anschlägen, die von dunklen Mächten organisiert werden, mit dem Ziel, den Vormarsch der linken Parteien in Italien und in Sizilien im Besonderen zu verhindern. Demnach wäre der Herr von Montelepre die erste Figur innerhalb der »Strategie der Spannung«, in die sich weitere blutige Episoden der italienischen Geschichte einordnen lassen.[4] Diese Theorie – die unlängst auch vom italienischen Staatsanwalt Roberto Scarpinato[5] verfochten wurde, der den Kampf gegen die Mafia erfolgreich führt – deckt eine Kette von Ereignissen auf, in die auch neofaschistische Kreise verwickelt sind; die Vorfälle von Portella della Ginestra werden unter anderem in Zusammenhang gestellt mit dem Attentat an der Piazza Fontana im Jahr 1969 (17 Tote und 88 Verletzte) und mit dem Attentat, durch das der Bahnhof von Bologna 1980 verwüstet wurde (85 Tote und über 200 Verletzte).

Ein Dokument vom 16. Mai 1946, das von den amerikanischen Geheimdiensten in Italien abgefasst und in der *National Archives Records Administration* (NARA) in Maryland unter Verschluss gehalten wurde, skizziert ein regelrechtes »Handbuch des Geheimdienstes für Propaganda von Geheimorganisationen« zur Anwendung in den Mittelmeerländern. Eines der Kapitel beschreibt die Zielsetzungen der sogenannten vorgetäuschten Vorfälle, das heißt derartiger krimineller Ereignisse, die mit dem alleinigen Ziel geplant werden, »Reaktionen in der Bevölkerung auszulösen« und der Regierung einen Vorwand für »entsprechende Gegenmaßnahmen« zu liefern.[6] Attentate und Massaker wie in Portella della Ginestra und in

jüngster Zeit in Mailand und Bologna sollten also Reaktionen der demokratischen Kräfte provozieren, die zu Volksaufständen führen, um so eine gewaltsame Niederschlagung durch die Behörden zu rechtfertigen.

Dieser Interpretation zufolge ist das Massaker von Portella della Ginestra als Generalprobe eines neuen politisch-kriminellen Szenarios zu bewerten. In einem am 1. Juli 1947 abgefassten Bericht äußert ein amerikanischer Geheimagent unter anderem den »… Zweifel, dass Giuliano nur ein Strohmann gewesen ist und dass es sich bei den Angriffen auf die Linken hingegen in Wirklichkeit um eine Sondierung handelte, die einen Bürgerkrieg einleiten sollte«.[7] Falls diese Bewertungen der historischen Wahrheit entsprechen, sind die Auftraggeber des Blutbads von Portella della Ginestra – wie auch aus britischen Dokumenten hervorgeht, die erst seit 2005 einzusehen sind – möglicherweise auch jenseits des Atlantiks zu suchen, in einem geheimen institutionellen Netzwerk, das sich bis zu den Befehlshabern der Alliierten und den Reihen des X-2, des Spionageabwehrdienstes des *Office of Strategic Services*, erstreckt, der während des Zweiten Weltkriegs eingesetzt wurde und als Vorläufer der CIA gilt. Die Theorie einer internationalen Verschwörung, die das Blutbad auf »Strategien in Washington« zurückführt, wird jedoch von anderen Autoren abgestritten, denen zufolge die Ursache dieser tragischen Episode »im lokalen Kontext zu suchen ist, in dem sie sich ereignet hat«.[8] Über 60 Jahre nach den Ereignissen ist Salvatore Giuliano immer noch der offizielle Hauptverantwortliche für den blutigen Vorfall.

Verrat oder Staatsverbrechen? Salvatore Giulianos Körper wurde am 5. Juli 1950 von Kugeln durchlöchert im Hinterhof eines Hauses in Castelvetrano (Trapani) gefunden. Dieses Bild stammt aus dem Film Wer erschoss Salvatore G.? *von Francesco Rosi aus dem Jahr 1962.*

Der frevelhafte Pakt zwischen Mafia und Politik

Das Bündnis zwischen Mafia und lokalen Regierungsvertretern, das sich seit dem Blutbad von Portella della Ginestra festigt, muss auch in Bezug auf die stetig zunehmenden wirtschaftlichen Interessen der kriminellen Organisation analysiert werden. Seit den 1950er-Jahren verändert sich die ursprüngliche Mafia der Latifundien und Ländereien allmählich und wird zu einer Institution, die ihren Fokus auf die Stadt Palermo richtet, wo zu dieser Zeit gerade das gewinnbringende Business des Wiederaufbaus floriert. Wenn auch die anderen europäischen Nationen, die durch die Kriegsfolgen stark beeinträchtig sind, die gleiche Aufgabe zu bewältigen haben, so steht der Wiederaufbau im Nordwesten Siziliens doch unter dem starken Einfluss der Clans, die diese Gebiete kontrollieren, und der Politiker, die bei den Wahlen auf die Unterstützung der Mafia angewiesen sind. 1953 werden die Stadtviertel in Palermo von der Cosa Nostra in dreizehn Sektoren unterteilt, die jeweils der Kontrolle durch eine Mafiafamilie unterstellt werden.[9] Dieser »frevelhafte Pakt«, der sich auf die Vergabe der Baugenehmigungen auswirkt, schwächt den Einfluss des Staates in Sizilien weiter. In dem Netzwerk aus Komplizenschaft und Vertuschung – das nur in ein paar Fällen durch die Justiz aufgedeckt wird – spielt sich ein Drama ab, in dem Maschinengewehrschüsse, explodierende Autobomben, außergerichtliche Hinrichtungen und *cadaveri eccellenti* die Tonspur für ein Schauspiel bilden, in dem auch »unverdächtige«, völlig harmlos wirkende Personen in zweireihigem Jackett auftreten.

Die Plünderung Palermos

Die Beziehung zwischen den mafiosen Organisationen und verschiedenen Bereichen der Politik führt zu einer wahren »Plünderung« der öffentlichen Mittel, die der italienische Staat für den Wiederaufbau Siziliens vorgesehen hatte. Dieses Phänomen, das sich bis in der 1970er-Jahre fortsetzt, geht unter dem Namen »Plünderung Palermos« in die Geschichte der Mafia ein. Die Interessen im Zusammenhang mit der Verteilung der Bauaufträge, die oft zugunsten der mafiosen *cosche* vergeben werden, werden tatsächlich durch einen »Geschäftsausschuss«[10] verwaltet, der sich aus populären christdemokratischen Politikern zusammensetzt, etwa Salvo Lima, Bürgermeister von Palermo von 1958 bis Januar 1963, und Vito Ciancimino, 1924 in Corleone geboren, Stadtrat für öffentliche Bauaufträge von 1959 bis 1964 und Bürgermeister von 1970 bis 1971. In den Jahren der großen Bauspekulation in Palermo ermöglicht das System aus Komplizenschaft, Gewalt und Klientelismus den Familien in Corleone eine Rekordzahl an Baugenehmigungen, die alle auf bestechliche Strohmänner ausgestellt werden, die mit den Mafia-Bossen unter einer Decke stecken.

Salvo Lima, Bürgermeister von Palermo und Abgeordneter der Democrazia Cristiana, wurde nicht verurteilt, war jedoch einer der Pfeiler der großen Bauspekulation. Er wurde 1992 ermordet, als die Mafia erkannte, dass ihre politischen Verbindungsmänner keinen Schutz und keine Straffreiheit mehr garantieren konnten.

Der Christdemokrat Vito Ciancimino war zusammen mit Lima für die »Plünderung Palermos« verantwortlich und wurde unter anderem für die Mitwirkung an einer mafiosen Vereinigung verurteilt. Seine »Enthüllungen« der Verflechtungen zwischen Mafia und Institutionen stehen bis zum heutigen Tag im Mittelpunkt mehrerer gerichtlicher Ermittlungen.

In diesem Netz beauftragt die Regionalverwaltung die Cousins Ignazio und Nino Salvo mit der Steuererhebung, als Gegenleistung hierfür schöpfen sie zehn Prozent der Steuerbeträge ab. Dieses Geld landet in den Händen der Mafia und der *amici degli amici*.

In den 1970er-Jahren gewinnt die Mafia weiter an politischem Gewicht, gleichzeitig breitet sich der politische Terrorismus aus, und die nationale Bedeutung der kommunistischen Partei wächst. Daher ist die italienische Regierung umso besorgter um die internationalen Beziehungen und Italiens Stellung unter den Ländern des Atlantikpakts. In diesen Jahren gewinnt die *cupola* der Cosa Nostra, die Führungskommission zur Koordination der einzelnen Familien, die Oberhand über den »Geschäftsausschuss«, der bis zu diesem Zeitpunkt die Beziehungen zwischen den Clans und den infiltrierten Institutionen geregelt hatte. Sie wird zum Knotenpunkt der zentralen Entscheidungen über die illegale Verwaltung der Stadt. Die Eroberung der *cupola*, die bis dahin unter dem Einfluss der bürgerlichen Mafia stand, wird so zum primären Ziel der *cosche* erklärt, die in den ländlichen Gebieten entstehen und sich um die

Corleoneser Totò Riina und Bernardo Provengano versammeln. Diese beschließen, sich an die Spitze der sizilianischen Cosa Nostra vorzukämpfen, die zu Beginn der 1980er-Jahre in ihre Hände fällt. Ihr Ziel, die alleinige Kontrolle über den Drogenhandel zu erlangen, fordert unzählige Opfer.

Die Beziehungen zwischen Politik und kriminellen Organisationen werden unter anderem durch Antonio Calderone bestätigt, einen Unternehmer des Mafia-Clans aus Catania, der der Justiz 1986 seine Unterstützung anbietet, nachdem sein Clan einem schweren Angriff durch die Corleonesi-Clans zum Opfer gefallen war. »Die Politiker haben uns immer aufgesucht, da wir ihnen sehr viele, äußerst viele Stimmen einbringen. Nur um sich eine Vorstellung davon zu machen, wie groß der Einfluss der Mafia bei den Wahlen ist … muss man sich vor Augen halten, dass jeder Ehrenmann unter seinen Freunden und Verwandten über 40–50 Personen zählt. In der Provinz Palermo gibt es allein 1500 oder 2000 Ehrenmänner. Multipliziert man dies mit 50, verfügt man über 75 000–100 000 Stimmen, die Parteien oder befreundete Kandidaten erhalten.«[11]

Die Komplizenschaften erreichen die Spitzen der Institutionen

Vor diesem Hintergrund reichen die Verbindungen der Mafia bis zu den Spitzenpolitikern. Angefangen bei Giulio Andreotti, Parteivorsitzender der Democrazia Cristiana, der nach dem Ende des Zweiten Weltkriegs die höchsten politischen Ämter im Staat bekleidet: Er wird mehrere Male zum Minister ernannt (im Januar 1954 ist er für

zwölf Tage Innenminister) und sieben Mal zum Ministerpräsidenten gewählt. Andreotti, zu dessen politischen Verbündeten auf lokaler Ebene auch Palermos Bürgermeister Salvo Lima zählt, wird aufgrund von Aussagen durch verschiedene Kronzeugen der externen Mitwirkung an einer mafiosen Vereinigung beschuldigt. Am 23. Oktober 1999 wird er in der ersten Instanz freigesprochen, »da kein Tatbestand vorliegt«. Der Freispruch wird in der Berufungsverhandlung im Mai 2003 bestätigt, auch wenn die Richter der zweiten Instanz zwischen den Sachverhalten vor dem Frühjahr 1980 – die als »eindeutig feststellbar« anerkannt werden, jedoch verjährt sind – und den darauffolgenden unterscheiden, für die Andreotti jedoch ebenfalls nicht schuldig gesprochen wird. Am 15. Oktober 2004 bestätigt das Kassationsgericht den Freispruch der Berufungsverhandlung endgültig.

Der Wind der Veränderung beginnt zu wehen

In den 1980er-Jahren nehmen die Angriffe auf Richter, Polizisten und Politiker zu, die versuchen, sich der Macht der Mafia zu widersetzen. Durch die Anschläge der Mafia werden zahlreiche Personen getötet, unter anderem der Präsident der Region Piersanti Mattarella (Januar 1980), der sich für »ein geordnetes Sizilien« einsetzte, der sizilianische Abgeordnete Pio La Torre (April 1982), der ein Gesetz für Straftaten mafioser Vereinigungen und für Maßnahmen zur Beschlagnahme des Vermögens der Mafiabosse vorgeschlagen hatte – der Gesetzestext sollte nur wenige Monate nach seinem Tod, am 13. Dezem-

ber 1982, in einem Eilverfahren durch das Parlament verabschiedet werden –, sowie der Carabinieri-General Carlo Alberto Dalla Chiesa, der am 3. September desselben Jahres zusammen mit seiner jungen Frau, Emanuela Setti Carraio[12], in der Via Carini in Palermo erschossen wird. Auch sein Leibwächter Domenico Russo wird durch die Kalaschnikow-Salven getötet, die die 100-tägige Amtsdauer des Generals beenden, der zum dritten Mal nach Sizilien gekommen war. Er war schon direkt nach dem Krieg für den Kampf gegen das Banditentum zuständig gewesen und

Linke Seite:
Giulio Andreotti, 1954 Staatssekretär des Ministerpräsidenten, wurde 1992 der Mitwirkung an einer mafiosen Vereinigung beschuldigt und durch das Kassationsgericht 2003 freigesprochen.

Rechte Seite:
Der Kampf gegen die Mafia in Sizilien: General Carlo Alberto dalla Chiesa (links) und der Staatsanwalt von Palermo Cesare Terranova (in der Mitte mit Brille) während einer Ermittlung in Marsala. Beide wurden von der Cosa Nostra aus dem Weg geräumt.

hatte Luciano Liggio für die Ermordung des Gewerkschaftsführers Placido Rizzotto hinter Gitter gebracht. Dalla Chiesa hatte sich vergeblich für Sonderkompetenzen eingesetzt – diese sollten eine Gegenoffensive gegen die Cosa Nostra ermöglichen, die ihrem Namen alle Ehre machte.

Die 1980er-Jahre werden ebenso vom »Frühling von Palermo« und vom mutigen und spontanen Vorgehen Siziliens gegen die Macht der Clans bestimmt. Dieser friedliche Aufruhr verleiht auch jenen Richtern und Ermittlern Nachdruck, die seit Langem allein gegen die Clans vorgehen; erst Jahre später, mit dem Niedergang des Kommunismus und dem Fall der Berliner Mauer, entschließen sich die Institutionen mit Entschiedenheit und in breiter Front zur Unterstützung. Zu dieser Zeit muss sich der Westen nicht mehr um jeden Preis gegen die rote Gefahr verteidigen und, was Sizilien betrifft, Pakte mit der Mafia eingehen. Verknüpft mit geopolitischen Veränderungen wird 1986 zum ersten Mal das Prinzip der verschärften Haft für Mafiosi angewendet (Isolierung in Hochsicherheitsgefängnissen und rigorose Kontaktsperre zur Außenwelt, um eine Befehlserteilung von der Zelle aus zu vermeiden). 1991 wird die *Direzione Investigativa Antimafia* (DIA) errichtet, das oberste Koordinationsorgan für den Informationsaustausch zwischen Carabinieri, Polizei und Finanzwache. Schließlich wird 1992 die *Direzione Nazionale Antimafia* (DNA) ins Leben gerufen, die unter anderem eine effizientere Arbeitsteilung der Richter und den kontinuierlichen Austausch von Informationen ermöglichen sollte.[13]

Die Blutrache der Mafia gegen die »weißen Kragen« und das Ende der Corleonesi

Die Mafia sieht den Zerfall der Sowjetunion und das Wiedererstarken der Institutionen als Zeichen eines historischen Wandels, der unumkehrbar und schädigend für ihre kriminellen Interessen ist. Die Cosa Nostra beschließt daher, vor allem die »Freunde« in der Politik zu bestrafen, die nicht mehr in der Lage sind, Straffreiheit zu garantieren: Salvo Lima wird im März 1992 ermordet. Die Bosse entledigen sich auch der »weißen Kragen«, die unter der Protektion des »Geschäftsausschusses« ihr Glück gemacht hatten und den Interessen der Mafiosi nachgekommen waren: Der Steuereintreiber Ignazio Salvo wird im September desselben Jahres in einen Hinterhalt gelockt und ermordet. Die *cosche* versuchen eine »Strategie der Spannung« zu erzeugen, indem sie eine eindrucksvolle Serie von Attentaten verüben: Ziel ist, die Institutionen unter dem direkten Druck der öffentlichen Meinung zu Verhandlungen zu zwingen. Am 27. Mai 1993 verstecken die Corleonesi eine Autobombe mit einem Sprengsatz von 250 Kilo-

gramm in der Via dei Georgofili in Florenz, nur wenige Schritte von der *Galleria degli Uffizi* entfernt. Durch die Detonation werden fünf Personen getötet, der Torre dei Pulci zerstört und einige Kunstwerke des Museums beschädigt. In derselben Nacht treffen zwei Bomben die Basilika San Giovanni in Laterano und die Kirche San Giorgio al Velabro in Rom – zum Glück fordert der Anschlag keine Opfer.

Überraschenderweise erzeugt der Versuch der Cosa Nostra, den Staat an der Zerschlagung der kriminellen Organisationen zu hindern, genau den gegenteiligen Effekt. In den 1990er- und 2000er-Jahren nimmt die Staatsgewalt die hochrangigsten Mitglieder des Corleonesi-Clans fest. Diese Erfolge lassen jedoch noch immer viele Fragen offen: Können die Verhaftungen der Mafia-Anführer allein auf die Enthüllungen der Kronzeugen zurückgeführt werden, oder waren sie vielmehr das Ergebnis einer geheimen Verhandlung zwischen den Ermittlern und den Paten der aufstrebenden Mafia-Clans?

Hinter den Kulissen

Es bleibt die Frage, ob die Blutbäder von 1993 nur das Ergebnis der gewalttätigen Reaktion der Cosa Nostra auf die Veränderung waren, die die Institutionen veranlassten, oder ob es sich hierbei um eine Vergeltung handelte, die durch etwas viel Schändlicheres entfesselt wurde. Die erschütternden Enthüllungen, die der Sohn des 2002 verstorbenen Bürgermeisters von Palermo Vito

Ciancimino Ende 2009 offenbarte, werfen ein neues beunruhigendes Licht auf die damaligen Ereignisse. Das Geheimnis dieser tragischen Jahre liegt Massimo Ciancimino zufolge in einem Blatt Papier begründet, das den Justizbehörden ausgehändigt werden sollte, als Nachweis für die zwischen den Corleonesi und dem Staat stattgefundenen Verhandlungen, die die Bombenattentate und die Zeit der Blutbäder beenden sollten. Ein Waffenstillstand, der zwölf Forderungen an die Institutionen enthält, um Frieden mit der Mafia zu schließen. Darunter werden die Abschaffung des Straftatbestands der Mitwirkung in einer mafiosen Vereinigung und die Anrufung des Europäischen Gerichtshofs, um gegen den Ausgang des gegen die Cosa Nostra geführten Großprozesses Revision einzulegen, aufgeführt. Der Liste sollte ein zweites Blatt beigefügt werden, das durch den ehemaligen Bürgermeister Palermos verfasst wurde und Vorschläge und Veränderungen zu den von den Corleonesi geforderten zwölf Punkten enthalten sollte. Hierauf sollte eine Notiz aufgeklebt werden, auf die Ciancimino »zugestellt« an einen Oberst des Sondereinsatzkommandos der Carabinieri schreiben sollte. Handelte es sich hierbei um den abermaligen Versuch, ein schlechtes Licht auf die Institutionen zu werfen, oder um den Beweis, dass der italienische Staat tatsächlich Verhandlungen mit der Mafia geführt hatte?[14] Was diese Fragen betrifft, so müssen die letzten Wahrheiten erst noch geschrieben werden.

Steuereintreiber und Ehrenmänner: Ignazio Salvo verwaltete im Auftrag des Staates zusammen mit seinem Cousin Nino das Steuersystem Siziliens.

Sorgfältig geplante Attentate und Blutbäder: Die gewalttätigen Angriffe der Mafia gegen den Staat verschonen auch die Denkmäler Roms nicht. Von links nach rechts: die Trümmer der Kirche San Giorgio al Velabro in der Nähe des Janusbogens; die Maßnahmen am Ort der Explosion, die im Gegensatz zu dem in Florenz verübten Attentat keine Opfer forderte; die durch die Detonation stark beschädigte Fassade.

5 Paten und Frauen der Mafiosi

Porträts von Paten damals und heute vor dem Hintergrund der blutigen Kämpfe um die Eroberung der Spitzen der Cosa Nostra. Von der »alten« Mafia um Calogero Vizzini bis zu den neuen Mafia-Bossen der erbarmungslosen und modernen Generation eines Frank Coppola und Gaetano Badalamenti, die dem weltweiten Drogenhandel den Weg ebnen. Die Geschichte von Luciano »Liggio« und die Ankunft der Corleonesi in Sizilien. Die Rolle und die Macht der Frauen in den süditalienischen Mafia-Clans.

Das Prestige der Paten

Don Calogero Vizzini spaziert in Hemdsärmeln und mit Zigarre zwischen den Lippen durch die Straßen des Dorfes. Er trägt einen Hut mit breiter Krempe, und sein Blick ist hinter einer riesigen Hornbrille verborgen.[1] Aus Respekt nennen sie ihn Don, in Anlehnung an die spanischen Adligen, die Sizilien zur Zeit der Bourbonen regierten.[2] Zur Begrüßung küssen ihm die Dorfbewohner die Hände, ganz nach dem Brauch der mittelalterlichen Feudalherren. In Villalba, wo Don Calò am 24. Juli 1887 geboren wird, scheint die Zeit stehen geblieben zu sein. Der Zweite Weltkrieg ist seit Kurzem zu Ende, doch die Rituale stammen aus einer längst vergangenen Zeit. Don Calò ist mehr als nur ein Bürgermeister: Er ist ein Ehrenmann, ein Freund der Amerikaner, die den Faschismus, den Feind der Mafia, vertrieben haben, denn die Mafia schlägt sich stets auf die Seite der Sieger. Don Calò ist viel mehr als nur ein Pate. Für die Bevölkerung ist er eine Art Friedensrichter, ein *accorda faccende*, wie man in dieser Region sagt, einer, der die Geschäfte regelt: Bei Bedarf greift er ein, beispielsweise, wenn jemand eingestellt werden soll oder für eine Anstellung im Büro ein Schulabschlusszeugnis

Don Calogero Vizzini, Pate von Villalba. Der Boss der ländlichen Mafia hatte einflussreiche Freunde, auch in den Palästen Palermos.

der weiterführenden Schule benötigt. Doch der Schulabschluss wird immer im Tausch gegen andere Gefälligkeiten erworben. Ebenso werden die Stimmen ausgehandelt, die Abgeordnete und »befreundete« Politiker benötigen, um gewählt zu werden. Vor den Wahlen müssen sie bei Don Calò Schlange stehen, um die Unterstützungen und Vorzugsstimmen auszuhandeln, die unerlässlich sind, wenn man sich des Ergebnisses sicher sein möchte. Es kommen auch reihenweise Unternehmer, die auf Banken – auch sie werden im Grunde von der Mafia kontrolliert – und vor allem auf deren hervorragende Beziehungen zum Klerus angewiesen sind, der auch in der Wirtschaft eine zentrale Machtposition einnimmt. Vizzini ist ganz gewiss kein selbstloser Wohltäter. Der Pate begann seine »Karriere« als *campiere* im Dienst eines Großgrundbesitzers: Er beschützte die Bauern vor den Angriffen und Diebstählen der Briganten und war gleichzeitig im Pferdehandel tätig. Don Calò verkaufte die Tiere, die im Auftrag des Militärs auf den Feldzügen beschlagnahmt wurden, zu horrenden Preisen weiter, auch wenn es sich um kranke Tiere handelte. Die besten Tiere verblieben hierbei stets im Besitz der rechtmäßigen Eigentümer, die – natürlich im Tausch gegen andere Gefälligkeiten – unter seinem »Schutz« standen.

»Seine Mafia war Liebe«

Stark durch seine mächtigen Unterstützer, entkommt Don Calò der Justiz. Mit dem Vermögen, das er dank eines engmaschigen Netzes aus Verbündeten auf die Seite legen konnte, wird der Boss *gabellotto*. Er pachtet Ländereien und erwirbt

bei einer Versteigerung einen Großgrundbesitz von 500 Hektar in der Gegend von Serradifalco. Mit der Landung britisch-amerikanischer Truppen auf Sizilien machen seine Geschäfte einen wahren Quantensprung. Die Alliierten müssen die Ordnung auf Sizilien wiederherstellen. In Villalba wendet sich die militärische Übergangsregierung daher vertrauensvoll an Calogero Vizzini, auch auf Zuraten der Würdenträger der katholischen Kirche auf Sizilien, die einen bewaffneten Aufstand der kommunistischen Kräfte fürchten.[3] Nach der Unterdrückung durch die Faschisten kann die Mafia nun wieder aufatmen. Die *cosca* um Don Calò verfügt bereits über uneingeschränkte Macht: Sie besitzt Ländereien, kontrolliert die landwirtschaftliche Kreditkasse und ist mit der staatlichen Verwaltung beauftragt. Alles ist in den Händen derselben Familie. Den Amerikanern spielen die Bosse der *cosca* eine geradezu theatralische Rolle vor. So klagen sie, Opfer des Faschismus gewesen zu sein, und schlagen

sich im politischen Chaos, in dem die Insel versunken ist, auf die Seite des *Movimento per l'Indipendenza Siciliana* (MIS). Dieses setzt sich aus konservativen Adligen und Grundbesitzern zusammen, die fordern, dass Sizilien endlich zu einer vom restlichen Italien unabhängigen Republik ernannt werde. Im Dezember 1943 werden in Palermo Tausende Anstecker mit dem Aufdruck der Zahl 49 verteilt, als Symbol für den 49. Stern, der die 48 Sterne ergänzen soll, die die Flagge der Vereinigten Staaten von Amerika zu dieser Zeit abbildet. Für Vizzini und die anderen Mafia-Paten ist die Konvention des Separatismus ein geeignetes Mittel, um die alliierte Regierung zufriedenzustellen und diese zugleich angesichts der Gefahr eines Vormarsches der revolutionären Linken zu stärken. 1948 trennen sich Don Calò und die anderen sizilianischen Mafiosi vom MIS und stellen sich deutlich auf die Seite der *Democrazia Cristiana*, die über 50 Jahre Italiens Stellung innerhalb der NATO sichern soll. Don Calò kann zu Recht als typischer Vertreter dieser »alten« Mafia betrachtet werden, die einerseits versucht, als Vermittler zwischen den kriminellen Interessen der Familien aufzutreten, um ein unnötiges Blutvergießen zu vermeiden, und andererseits die Institutionen besticht, um sich die Straffreiheit zu sichern, damit sie ihre illegalen Geschäfte weiter ausbauen kann. Anlässlich seiner Beerdigung am 11. Juli 1954 wird am Portal der Kirche von Villalba ein Nachruf angeschlagen, hinterlegt von einem großen schwarzen Tuch. Hierin wird ein »kluger, dynamischer, niemals müder Mann« gefeiert, der sich für das »Wohl der Arbeiter« in den Schwefelminen einsetzte und der es geschafft

hat, sich »sowohl in Italien als auch im Ausland einen äußerst guten Namen zu machen«. »Groß während Verfolgungen, noch viel größer bei Schicksalsschlägen« wird Don Calò daher von »allen Freunden« und sogar »von seinen Feinden« das Prädikat »der Schönste« verliehen, es ist zu lesen »Er war ein Ehrenmann«. Das »Heiligenbild«, das zu seinem Gedenken verteilt wird, bildet ihn hingegen in Jacke und Krawatte ab und wird von noch klareren Worten begleitet: »Feind jeglicher Ungerechtigkeiten, sanftmütig gegenüber den Sanftmütigen, groß gegenüber den noch Größeren, bewies er mit seinen Worten und Taten, dass seine Mafia keine Kriminalität, sondern Respekt vor dem Gesetz, Schutz aller Gesetze, Seelengröße« und vor allem »Liebe war«.[4]

Die Drahtzieher des Drogenhandels

Die Nachkriegszeit ist durch den Aufstieg von Ehrenmännern wie Lucky Luciano gekennzeichnet, der 1946 aus der Haft entlassen und aus den Vereinigten Staaten ausgewiesen wird, und Frank Coppola, der den Spitznamen »Drei Finger« trägt, da er zwei Finger amputieren lassen musste, um seine Hand zu befreien, die wahrscheinlich während eines Raubüberfalls in der Tür eines Panzerschranks eingeklemmt wurde. 1891 geboren in Partinico auf Sizilien, und 1926 in die Vereinigten Staaten ausgewandert, um dem Zwangsaufenthalt zu entkommen, zu dem er während der faschistischen Repression verurteilt worden war, wird Coppola gezwungen, direkt nach dem Kriegsende nach Italien zurückzukehren. Trotz seiner Schwierigkeiten mit der Justiz wird der Boss bei seiner Rückkehr in seine Heimat mit Musik und einem rauschenden

Frank »Drei Finger« Coppola: Seine Hand wurde wahrscheinlich in einem Panzerschrank eingeklemmt und verstümmelt, was den Boss jedoch nicht davon abhielt, den Drogenhandel zwischen Italien und den Vereinigten Staaten zu organisieren.

Fest als Held gefeiert. Zudem wird er zum Ehrenmitglied der katholischen Studentenvereinigung *Federazione Universitaria Cattolica Italiana* ernannt, als »Wohltäter der Waisen und der Kirche in Partinico«[5]. Unter dem Einfluss von Luciano und Coppola breitet sich die Mafia auch jenseits der Insel aus und stärkt ihre Verbindungen zu den sizilianischen Familien in Amerika. Gleichzeit konzentriert sie ihre Interessen auf den Drogenhandel. Der Drogenmarkt erfordert »eine territoriale Ausweitung der Interessen« der Organisation und einen ständigen »Personalaustausch« zwischen den beiden Küsten des Atlantiks sowie die Errichtung von »Einsatzzentralen« in den verschiedenen Regionen Siziliens.

Coppola verfügt innerhalb der amerikanischen Cosa Nostra über zahlreiche Kontakte und Bekanntschaften, da er in der Zwischenzeit in Kansas City zur Hauptbezugsperson der Organisation geworden ist. Von seinem Heimathafen in Anzio aus bis zu den Häfen in Rom legt er die Knotenpunkte eines Netzes, das sich über die norditalienischen Regionen erstreckt und die Drogenumschlagplätze in den Vereinigten Staaten und in ganz Europa versorgen soll. Von da an wendet die Cosa Nostra eine neue Strategie an, die auf den Einsatz von Waffen und Streitkräften ausgerichtet ist, um ein kriminelles Business zu erobern, durch das ein Reichtum von nie zuvor da gewesener Dimension angehäuft wird.

Ein internationaler Handel von großer Bedeutung

Männern wie Luciano und Coppola ist jedes Mittel recht, um dem internationalen Drogenhandel den Stempel der Cosa Nostra aufzudrücken. Mit ihnen weicht die »alte« Mafia der Paten wie Calogero Vizzini einer Mafia, in der die Bosse bereit sind, das Gesetz des Verbrechens und des Gewinns um jeden Preis durchzusetzen. In New York sind jene Unternehmen, die auf den Import von Lebensmitteln spezialisiert sind, fest in den Händen der siculo-amerikanischen Mafiosi – so zum Beispiel auch die Mamma Mia Oil Company.[6] Schon zu Beginn des 20. Jahrhunderts werden in Käselaiben, die Sizilien in Richtung Vereinigte Staaten verlassen, Uhren und Schmuckstücke geschmuggelt, die gut zwischen den ordnungsgemäß angemeldeten Waren versteckt werden. Die Drogen, die um einiges leichter sind, werden in Plastik verpackt und schon bei der Käseherstellung in den Käse eingebracht. Am Ende der Reifung ist es aufgrund der Käserinde, die sich gebildet hat, nicht mehr möglich, die Drogen ausfindig zu machen. Die Konsistenz und das Endgewicht des Produktes verändern sich hierdurch nicht, ebenso wenig wie das Geräusch, das beim Klopfen auf den Käse entsteht, wenn jemand überprüfen möchte, ob der Käse im Inneren Hohlräume hat.[7] Zudem findet man heraus, dass Drogen auch in Geschenkpaketen geschmuggelt werden, die man bei den Auswanderern sicherstellt. Die amerikanische Cosa Nostra und die sizilianischen Mafiosi besitzen nicht nur ein exklusives »Patent« auf illegale Transportsysteme, sondern regeln vielmehr den Drogenhandel auf Langstrecken und haben beinahe die vollständige Kontrolle über die kriminellen Bestimmungsorte. Sie sind in der Lage, jeden zu bestrafen, der versucht, sie in Handelsgeschäften

Flüchtig: Luciano »Liggio« begann seine Laufbahn als »campiere« und wurde Boss des Corleonesi-Clans. Viele Jahre lang war er nicht zu fassen, weil er durch die omertà geschützt und durch Personen in hohen Ämtern gedeckt wurde, wodurch er den benötigten Spielraum hatte, um den Interessen der Mafia nachzugehen.

hereinzulegen, die mündlich und selbstverständlich ohne schriftlichen Vertrag abgeschlossen werden. Die Bosse verfügen über ein engmaschiges Verkaufsnetz und über ein beträchtliches Risikokapital, da die Gefahr, aufzufliegen und damit alles zu verlieren, hinter jeder Ecke lauert. In den 1950er-Jahren können sich die Kosten für die Verladung in einem Drogengeschäft, abgesehen von den Kosten für die Ware an sich, auf bis zu 40 000 US-Dollar pro Fuhre belaufen. Hierin enthalten waren Schiffsmiete, die Löhne für die Mannschaft und die Miete von modernen Telekommunikationsanlagen entstehen.

Die Corleonesi begraben die »alte Mafia«

Der am 6. Mai 1925 in Corleone geborene Luciano Leggio, genannt »Liggio«, sorgt dafür, dass das durch die alten *cosche* auferlegte Gleichgewicht endgültig aufgebrochen wird. Ende des Zweiten Weltkriegs ist der Boss, der die Corleonesi später an die Spitzen der sizilianischen Mafia führen soll, nur ein einfacher Hühnerdieb (*scassapagghiara*, literarisch für einen Gauner, der Diebstähle in Scheunen begeht), er ist jedoch gnadenlos und in der Handhabung von Waffen »ein Gott«. Er setzt seine kriminelle Karriere als

künftig neue und größere Spekulationsgeschäfte ermöglichen.[9] Der Corleoneser findet innerhalb einer aufrührerischen Gruppe des Greco-Clans, der in Villabete, einer im Landesinneneren der Region Palermo gelegenen Ortschaft, herrscht, neue Verbündete. Die letzte Stunde des *u patri nostru* hat geschlagen. Am Abend des 2. August 1958, als Michele Navarra zusammen mit einem Kollegen im Auto vom Krankenhaus zurückfährt, wird sein Fiat von einem Kugelhagel getroffen: 112 Maschinengewehrschüsse beenden seine Laufbahn und ebnen dem unaufhaltsamen Aufstieg von Liggio und den Corleonesi den Weg: Totò Riina und sein Schwiegersohn Leoluca Bagarella sowie Bernardo Provenzano gehören alle dem Clan aus derselben ländlichen Region im Herzen der Provinz Palermo an. 1962 bricht der erste Mafiakrieg aus, der mit größter Wahrscheinlichkeit durch die Nichtbezahlung einer Ladung Heroin entfacht wird, die in die Vereinigten Staaten geliefert wird. Die wahren Gründe sind jedoch in einem viel tiefgreifenderen Interessenkonflikt zu suchen. Nicht nur die Kontrolle über den Drogenhandel, der Ende der 1970er-Jahre einen beispiellosen Boom erleben soll, steht auf dem Spiel. Vielmehr geht es um die Aufteilung der Baugebiete in Palermo.[10] Die aufstrebenden Familien, die durch Liggio angeführt werden, konzentrieren sich auf Bauspekulationen. Dabei räumen sie radikal alle Hindernisse, die sich ihren neuen Interessen entgegenstellen, aus dem Weg. Vor allem der La-Barbera-Clan, der das Monopol auf das Zement-Verbrechenssyndikat verlangt, das die Stadt fest im Griff hat, muss hierfür herhalten.

Viehdieb fort und wird dank des illegalen Handels auf dem Fleischmarkt in Palermo schnell reich. 1945 wird er die rechte Hand des Paten der »Mafia der Gärten«, der *Conca d'Oro*, Michele Navarra, mit dem Spitznamen *u patri nostru* (unser Vater). Offiziell ist er Arzt für Versicherungen, in Wirklichkeit ist er jedoch der unbestrittene Pate des palermitanischen Hinterlands, wo die Clans die Schöpfbrunnen kontrollieren und die Besitzer der Agrumenpflanzungen erpressen, indem sie ihnen drohen, sie auf dem Trockenen sitzen zu lassen. Navarra ist ein grausamer Ehrenmann, doch der alte »Boss« stellt sich gegen den Bau eines Dammes im Valle del Belice, durch das das Wasser bis zur Conca d'Oro fließt. Dieser hätte das Monopol auf die Wasserversorgung geschwächt, die seit Jahrzehnten fest in den Händen der Mafiafamilien ist.[8] Liggio, dem mittlerweile ein Transportunternehmen gehört, ist hingegen für die Umsetzung dieses Projekts: Die eingehenden öffentlichen Gelder sollen der Mafia

MURATORE BERNARDO   PROVENZANO SALVATORE   DI PUMA ANGELO   DI PUMA BIAGIO

MACALUSO GIOVANNI   PROVENZANO SIMONE   CAMMARATA FRANCESCO

KUFFINO GIUSEPPE   PROVENZANO BERNARDO   BAGARELLA CALOGERO

DOMARA VINCENZO   GENNARO FILIPPO   MANGIAMELI ANTONINO

Die Paten im Krieg

Um Frieden zu schließen, muss man Krieg führen, soll Totò Riina viel später sagen. Infolge des ersten großen Konflikts innerhalb ihrer Geschichte organisiert sich die palermitanische Mafia neu: Auf der einen Seite steht der Clan um Stefano Bontate, Boss der Mafiafamilie Santa Maria di Gesù, und Michele Greco, genannt »der Papa«, beide Nachkommen berühmter Familien des Hinterlands von Palermo, auf der anderen Seite stehen einfache Bauern aus der Gegend von Corleone, die Liggios Befehlen folgen. Indessen sind die Gewinne aus dem Drogengeschäft in schwindelerregende Höhe angestiegen. Der Kreislauf aus Produktion und Verkauf hat sich auch dank der Unterstützung durch die Clans in Marseille weiterentwickelt. Sie raffinieren in Frankreich das aus dem Mittleren und Fernen Osten stammende Heroin, das die Sizilianer anschließend an amerikanische Kunden verkaufen. Es ist die Zeit der *French connection* und der Gangster wie Albert Bergamelli und Jacques Berenguer, die in einem Netz operieren, dessen Verästelungen bis nach Rom reichen. Hier versucht der »Kassenführer« der sizilianischen Mafia, Pippo Calò, den Drogenhandel auszuweiten, indem er die berüchtigte Magliana-Bande[11] um Hilfe bittet, die in den Jahren zwischen 1970 und 1980 für eine beachtliche Mordserie verantwortlich war. Doch das FBI sowie französische und italienische Ermittler üben auf das zwischen Italien und Frankreich bestehende illegale Netzwerk erheblichen Druck aus, was dazu führt, dass die Cosa Nostra das System des Drogenhandels erneut umgestaltet. Zudem wird Liggio, nachdem er der Justiz lange Zeit entkommen ist, 1974 in Mailand

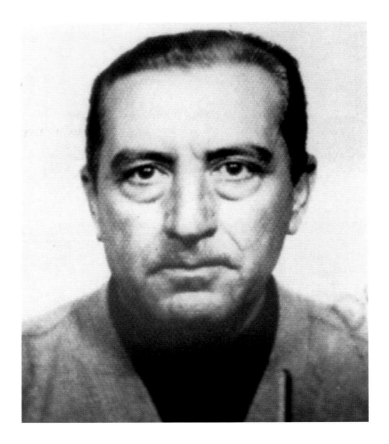

verhaftet und für den Mord an Michele Navarra zu einer lebenslangen Freiheitsstrafe verurteilt.

Der »missglückte Frieden« von Don Tano Badalamenti

Gaetano Badalamenti, geboren 1923, bricht 1946 von Cinisi in Sizilien auf, um sich in den Vereinigten Staaten in Detroit niederzulassen. Er wird jedoch bereits 1950 von den amerikanischen Behörden wieder in seine Heimat ausgewiesen. Dort versucht er zusammen mit Stefano Bontate und den Corleonesi, die seit Liggios Festnahme unter Totò Riinas Führung stehen, zwischen den sizilianischen Familien Frieden zu stiften. Dieser Frieden ist jedoch keinesfalls ein selbstloser Akt. Vielmehr soll er den Mechanismus des Drogenhandels schmieren, dessen Epizentrum weiterhin

Stadtmafia vs. Landmafia: Michele Greco, genannt »der Papa«, versuchte vergeblich, sich des gewaltsamen Aufstiegs der Corleonesi an die Spitze der kriminellen Organisation zu widersetzen.

Don Tano Badalamenti: Nachdem er in die Vereinigten Staaten ausgewandert war, kehrte er in seine Heimat zurück und wurde Boss der sizilianischen Mafia. Er wurde durch den mächtigen Corleonesi-Clan entfernt (»posato« in der Mafia-Sprache).

Sizilien ist. Im Vergleich zu früheren Jahren aber deutlich besser organisiert. Der Rohstoff, eingekauft im Osten, wird an eine Raffinerie in Sizilien veräußert. Dort wird mithilfe von Spezialisten aus Marseille das für den amerikanischen Markt bestimmte Endprodukt hergestellt. Ende der 1970er-Jahre bringt dieses Geschäft fast eine Milliarde Lire pro Jahr ein: eine Beute, die zwischen denjenigen geteilt wird, die den Rohstoffkauf finanziert haben, darunter Badalamenti. In diesem Rahmen schaltet sich die »Dritte Mafia« [12] ein, die die Alte Welt mit der Neuen Welt verbinden soll. Die Kontrolle über die Gewinne aus dem Drogenhandel löst in Palermo den zweiten Mafiakrieg aus, dem die unblutige Amtsenthebung von Don »Tano« durch die *Cupola* der Cosa Nostra vorausgegangen ist. Der Konflikt wird am 30. April 1981

durch den Mord an Stefano Bontate entfacht, der durch die Corleonesi aus dem Weg geräumt wird. Die Cosa Nostra übernimmt am Ende eines Kampfes, der in weniger als zwei Jahren mehr als 500 Tote innerhalb der 54 Mafiafamilien in Palermo und dem Umkreis fordern soll, die Führung der Organisation. In Palermo entsteht die »Pizza Connection«, die in den italo-amerikanischen Pizzerien in New York die ideale Tarnung für ihre Drogengeschäfte findet. Für die Leitung dieses Systems wird Gaetano Badalamenti zu einer 45-jährigen Gefängnisstrafe verurteilt. 1984 wird er an die USA ausgeliefert und steht im Prozess, den Staatsanwalt Rudolph Giuliani gegen die amerikanische Cosa Nostra führt, als Hauptangeklagter vor Gericht. Im Gegensatz zu Buscetta und Badalamenti tritt er jedoch nicht als Kronzeuge auf. Dennoch versucht sein Strafverteidiger, die strafrechtliche Verantwortlichkeit zu begrenzen und vor dem Gericht eine Strafmilderung zu erreichen, indem er sich zu seiner Entlastung auf den althergebrachten und patriotischen mafiosen Charakter eines einfachen Schmugglers beruft (»um die Ehre der Familie zu verteidigen, muss man sich nicht an die Behörden wenden. Wenn auf Sizilien jemand ein Problem hat, löst er es alleine«). Doch sein Plädoyer läuft ins Leere.

Die neuen Herren des Krieges: Triumph und Fall des »Capo dei Capi«

Mitte der 1980er-Jahre lässt die neue erbarmungslose und blutrünstige Drogenmafia die Erinnerung an die alten Paten endgültig verblassen, indem sie auf ihrem Weg einen wahren Berg von Leichen hinterlässt. Salvatore Riina, aufgrund seiner Körpergröße *Totò u' curtu* (Totò der Kurze) genannt, ist der Protagonist dieser durch terroristische Gewalt geprägten Zeit. Geboren am 16. November 1930 in Corleone, bestiehlt und erpresst er in seiner Jugend Bauern und wird später die rechte Hand von Luciano »Liggio«. Nach dessen Verhaftung im Jahr 1974 erobert Riina dank der einträglichen Drogengeschäfte und der öffentlichen Bauaufträge Palermo. Riina, der zugleich eine finstere und charismatische Person ist, eine emblematische Figur dieser neuen Mafia, schaltet alle seine Feinde innerhalb der *Cupola* der Cosa Nostra aus, bis er schließlich nach dem Mord an Bontate *Capo dei capi* der sizilianischen Mafia wird. Doch der Herr des Krieges richtet die Waffen fortan – zum ersten Mal in der Geschichte – auch auf Vertreter des Staates: auf Polizisten, Carabinieri und Richter, die versuchen, der Riesenwelle des organisierten Verbrechens Einhalt zu gebieten. Riina ist überzeugt, dass diese Blutbäder die Institutionen dazu veranlassen werden, mit der Organisation zu verhandeln. Doch er irrt sich. Nach Jahren der Unsicherheit und der Verflechtung mit den Mafiaclans hat der Staat beschlossen, das Blatt zu wenden: *Toto' u curtu* wird am 15. Januar 1993 in Palermo verhaftet, nachdem er fast 24 Jahre lang untergetaucht war. Vielleicht verraten durch seinen eigenen Nachfolger Bernardo Provenzano, wird er von den Carabinieri des *Crimor*, der Spezialeinheit unter dem Kommando des *Capitano Ultimo* (Deckname des Offiziers, der die Festnahme veranlasst) verhaftet. Hiermit wird die Untersuchung, die anhand der Aussagen des Kronzeugen Balduccio di Maggio geführt wird, abgeschlossen. Auch

Bernardo Provenzano, genannt *zu' Binnu* (Onkel Binnu) oder *Binnu u' tratturi* (Binnu der Traktor, aufgrund der Grausamkeit, mit der er seine Opfer niedermäht), stammt aus Corleone, wo er 1933 geboren wird. Mit Riinas Verhaftung fällt das Zepter der Cosa Nostra in seine Hände, doch der neue *Capo dei Capi* muss einen Strategiewechsel einläuten und die Ära der Attentate beenden, mit dem Ziel, die Mafia erneut für das Auge des Staates unsichtbar zu machen. Die Polizei verhaftet ihn im April 2006 in einem abgelegenen Landhaus in der Nähe von Corleone, in Montagna Cavalli, in derselben Gegend also, in der die kriminelle Laufbahn des Bosses begann. Provenzano, der seit 43 Jahren untergetaucht ist, wird durch die *omertà* seiner Familie geschützt. In seinem Versteck mit drei Zimmern, dessen Fenster gut von der Außenwelt abgeschirmt sind, finden die Ermittler unter anderem zwei Schreibmaschinen: Ringsherum sind *pizzini* verstreut, verschlüsselte Nachrichten, über die *zu' Binnu* während seiner Zeit im Untergrund mit der Außenwelt kommuniziert hat. Nicht dechiffrierbare Nachrichten wie diese: »Gegenstand Alessio … Für Ihren Neffen, der um Hilfe für seine Eisfirma gebeten hat, deren Sitz zu mir gehört, hat der VC mir nichts gesagt und ich denke, dass er auch nichts weiß, sonst hätte er es mir gesagt. Ich habe nur durch Sie davon erfahren und daher kann ich auch nichts machen«. Stark durch den Schutz und die Unterstützung, die Provenzano genießt, kann er sein Versteck im Sommer 2003 sogar eine Weile ungestört verlassen, um sich in einer Klinik in Marseille unter falschem Namen einer Behandlung zu unterziehen.

Riina wird nach 24 Jahren auf der Flucht im Rahmen einer von Sondereinheiten der Carabinieri koordinierten Operation verhaftet. Wie seine Verhaftung gelang und warum die Durchsuchung seiner Villa direkt nach dem Zugriff der Polizeikräfte erfolglos blieb, das wirft noch heute zahlreiche Fragen auf.

Die Frauen in der Mafia

Die Frauen haben innerhalb der sizilianischen Mafiaorganisation immer eine Nebenrolle gespielt, ganz nach dem Vorbild der typischen Gesellschaftsstruktur der süditalienischen Regionen. Dennoch gibt es vor allem in der jüngeren Geschichte des Verbrechens auch Beispiele von Frauen, denen innerhalb der Hierarchie der Clans ein wahrer Aufstieg gelingt. Frauen, die sogar das Kommando übernehmen, ganz entgegen dem jahrhundertealten Prinzip, demzufolge die Frau allem voran ihren Pflichten als Ehefrau und Mutter nachzukommen hat. Ganz anders der Mann. Er ist seit jeher durch seinen Treueschwur den Interessen der Organisation voll und ganz verpflichtet – im Extremfall auch auf Kosten der eigenen Familienbande.

Eines der prägnantesten Beispiele für diesen Rollentausch ist zweifellos Giusy Vitale, die die erste »Mafia-Patin« der Cosa Nostra war, bevor sie im Februar 2005 die berühmteste Kronzeugin gegen die Mafia wird. 1998 kontrolliert die 1972 geborene Sizilianerin »mit der Entschiedenheit eines Bosses« das im palermitanischen Hinterland gelegene Gebiet von Partinico, »bei dem es sich wahrscheinlich um ein Verbrechenssyndikat, um eine Immobilienverwaltung und eine Geldwäsche für Schwarzgeld aus dem Drogenhandel handelt«.[16]

Maria Filippa Messina ist für ihren gleichmütigen und erbarmungslosen Blick bekannt.

Seit 1995 in Haft, ist sie die erste italienische Frau, die verschärften Haftbedingungen ausgesetzt wird:

In den sizilianischen Familien muss Trauer mit Leib und Seele durchlitten werden. Der Ausdruck des Schmerzes geht auf uralte Rituale zurück und erhält hierdurch eine starke gesellschaftliche Bedeutung.

kein Besuchsrecht und keinerlei Möglichkeit, mit der Außenwelt zu kommunizieren. Serafina Battaglia Leale wird hingegen durch den Wunsch nach Blutrache zum Handeln angestachelt: Ihr Ehemann wird 1960, ihr Sohn 1962 ermordet, obwohl sie den alten Boss des palermitanischen Stadtteils Uditore, Pietro Torretta, um Schutz für ihren Sohn gebeten hat, jedoch vergeblich. Das Leben des Sohns der Familie Leale ist bereits an die Familie Rimi in Alcamo verkauft und der, der sein Leben schützen sollte, schießt ihm in den Rücken. Serafina trägt immer eine Pistole der Marke Smith & Wesson, Kaliber 38, bei sich. Wenn sie schläft, versteckt sie sie unter dem Kopfkissen. Dieser zweite Verrat veranlasst sie dazu, sich an den Staat zu wenden, den »Feind und Unterdrücker«: Sie packt aus und erzählt alles, was sie über die Mafia weiß. Frauen in Hauptrollen gibt es auch innerhalb der Camorra, die im Gegensatz zur Cosa Nostra keinen pyramidenförmigen Aufbau hat und sich aus einem Konglomerat der einzelnen Clans zusammensetzt, die stark miteinander rivalisieren, doch innerhalb derer die Frauen gegebenenfalls die gleichen Machtbefugnisse haben wie die Männer.[17] Frauen, die sich im Notfall für das erlittene Unrecht zu rächen wissen, so wie Pupetta Maresca, die im Oktober 1955, als sie noch in anderen Umständen ist, am helllichten Tag den mutmaßlichen Mörder ihres Mannes Pasquale Simonetti, genannt »Pascalone 'e Nola«, erschießt. Dieser war im Sommer zuvor im ewigen Krieg zwischen den verfeindeten Banden um die Eroberung des Gebiets getötet worden.[18] Die »Erben« von Pupetta Maresca sind heute Teil einer kriminellen Landschaft, die sich grundlegend verändert hat. Die mutigsten und wehrhaftesten unter ihnen treten innerhalb der *cosca* an die Stelle ihrer im Gefängnis einsitzenden Ehemänner, und nicht selten weigern sie sich, die ihnen übertragene Macht wieder abzugeben. Auch deshalb führen Ermittlungen, unter den ebenso erstaunten wie bewundernden Blicken der *guaglioni*, der Soldaten des Verbrecher-Heeres, immer häufiger zur Verhaftung von Frauen der Camorra-Clans. In Kalabrien, dem unangefochtenen Reich der 'Ndrangheta, ist die Frau hingegen auf traditionelle Rollen einer kriminellen Gesellschaft beschränkt, in der immer noch das Patriarchat vorherrscht. Die Stärke dieser Organisation liegt nicht nur in ihrer Fähigkeit, sich international zu verzweigen, sondern auch in der Tatsache, dass sie im Gegensatz zur Cosa Nostra eine geschlossene Struktur hat und keine fremden Familien aufnimmt. Auch deshalb bleiben die Frauen der 'Ndrangheta im Schatten der Bosse. Die »Schwestern der *omertà*« werden die Vestalinnen eines undurchdringlichen sozialen Netzes und hüten die Werte des Clans (*'ndrine*) mit großer Sorgfalt. Sie unterstützen die Männer tatkräftig bei der Organisation von Strafexpeditionen, verstecken Untergetauchte auf der Flucht und halten Kontakt zu denjenigen, die im Gefängnis eine Strafe verbüßen. Doch vor allem geben sie die Kultur des Verbrechens und ihre Traditionen an die nächste Generation weiter: So legen sie zum Beispiel als Test ein Messer und einen Schlüssel in die Wiege eines Neugeborenen. Berührt der Säugling als Erstes das Messer, dann wird es ein treuer Diener des Clans, interessiert es sich hingegen für den Schlüssel, das Attribut der Gefängniswärter, hat es das Schicksal eines schändlichen Lebens vor sich.

Der ständige Wechsel von Hoffnung und Verzweiflung kennzeichnet ein Land, das den Durchzug zahlreicher Heere und lange Zeiten der Fremdherrschaft erlebte.

6 Beseitigungs- methoden und Mafia-Opfer

Entführungen, Abrechnungen, Attentate und vendette trasversali. Lupara und lupara bianca, Selbststrangulation und Auflösen der Leichen in Säure ... Mord als Sanktion und Mittel zur Abschreckung. Wer sind die Mörder? Welche Waffen werden eingesetzt? Eine lange Liste von Blutbädern und Morden.

Todeskammern und Mafia- Friedhöfe

Auf den ersten Blick scheint es sich nur um eine Abstellkammer für landwirtschaftliche Geräte zu handeln, doch im Inneren enthüllt der Raum ein Bild des Schreckens. Die Wände sind mit Kugeln durchlöchert und blutbefleckt. Herbst 1897: Die Polizei dringt wenige Kilometer nördlich von Palermo in ein Landhaus auf dem Laganà-Grundstück ein, das inmitten der Obstgärten im Schatten des Monte Pellegrino liegt. Die Polizisten kennen diese Gutshöfe gut. Schon oft dienten sie als Schauplätze bewaffneter Konflikte mit den *Campieri* der Mafia, den wahren Herren der Großgrundbesitze auf dem Land. Was die Polizisten zu diesem Zeitpunkt noch nicht wissen: Sie haben gerade ein Gebäude entdeckt, das in die Geschichte der organisierten Kriminalität eingehen wird. Der vermeintliche Schuppen entpuppt sich als einer der ersten »Schlachthöfe« der sizilianischen *cosche*[1]: eine »Todeskammer«. Ein Ausdruck, der auf Sizilien im Thunfischfang verwendet wird und den letzten Teil des Labyrinths aus Netzen bezeichnet, in dem das Abschlachten des bereits gefangenen Fischschwarms beendet wird. Wie jedes Schlachthaus, das diesen Namen verdient, ist der Schuppen mit einem eigenen Friedhof ausgestattet, der vor

Plünderung eines Landhauses auf Sizilien in der Ausgabe des Petit Journal vom 9. Dezember 1893. Die Mafia führte häufig Kämpfe mit den Briganten, um sich die vollständige Kontrolle über das Gebiet zu sichern. Wer auf verbotenen Gebieten Diebstähle beging, konnte auch mit dem Tod bestraft werden.

neugierigen Blicken gut verborgen ist: eine natürliche Grube, die einen ekelerregenden Gestank von bereits stark verwesten Leichen verbreitet. Sie sind mit gebranntem Kalk bedeckt, um ihre Gesichter unkenntlich zu machen, wilde Tiere fernzuhalten und die Spuren des Verbrechens möglichst schnell zu beseitigen.

Ein Mafia-Friedhof, der denen ähnelt, die die Spurensicherung auch heute noch im sizilianischen Hinterland entdeckt, wie beispielsweise im zehn Kilometer von Palermo entfernt gelegenen Villagrazia di Carini. Dort haben die Ermittler vor ein paar Jahren anhand der Hinweise von Kronzeugen die menschlichen Überreste von »Soldaten« gefunden, die hingerichtet wurden, entweder weil sie den Gehorsam verweigert haben oder zur gegnerischen *cosche* übergelaufen sind. In der Grube inmitten der Obstgärten liegen die Überreste derer, die den ungeschriebenen Kodex der Mafia verletzt haben: die Organisation niemals zu verraten oder sich nicht durch Überschreitung fremder »Rechtsbezirke« in die Interessen von anderen Mafiosi einzumischen.[2]

Es handelt sich dabei nicht einfach um Morde, sondern um wahre Hinrichtungen, die das »Gericht« der Ehrenmänner anordnet: die »Justiz« der Mafia. Die Ermittler gehen davon aus, dass zwei der Hingerichteten zur *cosca* von Olivuzza gehörten, die an der Entführung von Audrey Whitaker beteiligt war. Das zehnjährige Mädchen entstammt einer der reichen englischen Familien mit Grundbesitz in der fruchtbaren palermitanischen Conca d'Oro. Audrey wird entführt, während sie mit ihrem Pferd auf dem westlich des Laganà-Grundstücks gelegenen Landgut Favorita

ausreitet. Die Gefangenschaft dauert nur wenige Tage: Ihr Vater Joss weiß gut, wer die Gesetze in dieser Gegend vorgibt, und bezahlt das Lösegeld ohne Umschweife und vor allem, ohne die Behörden zu informieren. Doch Vincenzo Lo Porto und Giuseppe Caruso sind mit ihrem Anteil am Lösegeld nicht zufrieden und beschließen, ihren Boss zu bestrafen. Sie entwenden aus der Villa einer der bekanntesten Familien der Stadt, die aber unter dem Schutz der *cosca* von Olivuzza stehen, einige Wertsachen. Der Diebstahl auf verbotenem Terrain soll einerseits die ungerechte Verteilung der Beute wiedergutmachen, doch vor allem soll er eine Schmach für den Clan sein. Er soll aller Welt dessen Unfähigkeit vor Augen führen, sein Gebiet zu kontrollieren. Für diese öffentliche Beleidigung verurteilt der Generalstab von Olivuzza, fest entschlossen, das eigene Ansehen zu wahren, Lo Porto und Caruso zur Todesstrafe. Als gerade alles geregelt zu sein scheint – die Rückgabe des Diebesguts erfolgt im Tausch gegen das Versprechen einer weiteren Belohnung für die Beteiligung an Audreys Entführung –, werden die beiden unter dem Vorwand, dass sie einen weiteren Diebstahl organisieren sollen, auf das Laganà-Grundstück gelockt. Doch anstelle von zusätzlichem Geld erwartet Lo Porto und Caruso ein Exekutionskommando … Ob es sich nun um Abrechnungen in den gottverlassenen »Todeskammern« mitten auf dem Land handelt, um kaltblütige Morde, die häufig am helllichten Tag und an gut besuchten Orten verübt werden, oder um das mysteriöse Verschwinden von Feinden und Gegnern – die Beseitigungsmethoden verfolgen in der Regel zwei Hauptziele: Sie sollen zum einen die Überlegenheit einer Organisation demonstrieren, die sich im wahrsten Sinn des Wortes wie ein Staat im Staat verhält, und zum anderen sicherstellen, dass das Schicksal, das Gesetzesbrecher erwartet, andere von der Versuchung abschreckt, die Gesetze zu übertreten.

Murder Inc.

»Im Verhältnis wird das Gesetz weniger gefürchtet als die Mafia.« Dieses sizilianische Sprichwort spricht Bände über die ausgefeilten Methoden, mit denen die *cosche* Feinde und Verräter beseitigen. Illustrierte Tafeln aus der Zeit um das Ende des 19. Jahrhunderts bilden Carabinieri und Ermittler vor den toten Körpern der Opfer blutiger Abrechnungen ab, die in abgelegenen Landhäusern beglichen werden. Doch mit der Zeit perfektionierte die Mafia ihre Methoden, um die Spuren zu den Tätern und Auftraggebern der Morde zu verwischen. In den 1930er-Jahren spezialisierte sich eine Bande in New York darauf, Personen, die für die Cosa Nostra unbequem geworden sind, systematisch zu beseitigen[3]: Eine Handvoll junger Männer aus Brooklyn, geübt im Umgang mit Waffen und Stricken, stranguliert die Opfer im Auftrag der organisierten Verbrecherbanden. Sogar ein hochrangiger Boss wie »Lucky« Luciano scheint nicht gezögert zu haben, sich an sie zu wenden, um seine Geschäfte zu regeln.[4] Ein Journalist des *New York World-Telegram* gibt der Bande den Spitznamen *Murder Inc.* Die Killer der *Murder Inc.* arbeiten für gewöhnlich an Orten, an denen sie nicht bekannt sind. Dies hat den Vorteil, dass man im Falle einer Verhaftung nur schwer Rückschlüsse auf ein Motiv oder auf mögliche Auftraggeber des Verbrechens ziehen kann. Ihre Grausamkeit und extreme Reiz-

Oben: *Berufsrisiko: Auseinandersetzung zwischen Camorra-Mitgliedern und Carabinieri in Vico Equense bei Neapel (1908)*

Unten: *Erpresserische Entführungen: In diesem Fall ist das Opfer ein Großgrundbesitzer, der von den sizilianischen Mafiosi entführt und verhört wird. Erpressungen und Einschüchterungen sollten die Großgrundbesitzer auch dazu zu bringen, ihre Ländereien zu niedrigen Preisen zu verkaufen.*

barkeit sind im Übrigen ebenso groß wie das Ansehen, das sie genießen. Einer von ihnen stößt einem Kellner, der an einem Tisch im Restaurant zu langsam serviert, eine Gabel ins Auge, ein anderer benutzt Hühner, die im Hof scharren, als Zielscheibe für seine Schießübungen. Auf jeden Fall wissen sie ihren Modus Operandi den Anforderungen der jeweiligen Situation anzupassen: Poli-

Die Strafe ist gewiss:
Ein durch die Mafia
»Verurteilter« wird
1975 in Palermo von
Mafia-Killern kalt-
gemacht, als er vor
einem Möbelgeschäft
wartet.

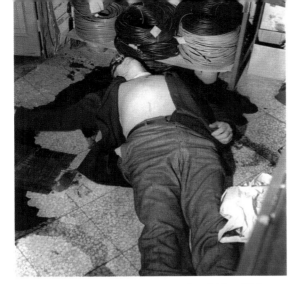

Oben: Mafia-Hinrichtung im palermitanischen Stadtteil Brancaccio. Auch dieser Stadtteil ist unter der Kontrolle der Familien, die das Stadtgebiet unter sich aufgeteilt haben und eine gnadenlose Justiz walten lassen.

Unten: Morde am helllichten Tag: Die Auftragskiller agieren oft ohne Maskierungen mitten in der Menge, um ihren Herrschaftsanspruch auf das Gebiet deutlich zu machen.

geträufelt wird. In diesem Fall wird das Opfer hingegen mit einem Eispickel überrascht, der ihm über den Gehörgang in das Gehirn gerammt wird, in der Hoffnung, dass der Gerichtsarzt als Todesursache eine natürlich ausgelöste Hirnblutung feststellt. In vielen anderen Fällen verschwinden die Opfer einfach, denn ohne Leichnam gibt es auch keine Beweise für ein Verbrechen. Baustellen als Gräber oder mit Zement übergossene Leichen: ideale Methoden, um die Spuren eines Körpers für immer verschwinden zu lassen. In Sizilien wird diese Methode *lupara bianca* genannt, um sie von den Morden zu unterscheiden, die mit der *Lupara* verübt werden. Dabei handelt es sich um ein Gewehr mit abgeschnittenem Lauf, die traditionelle Waffe der *cosche*, die mit großen Bleikugeln vom Kaliber 12 geladen wird.

In Amerika verschwindet der Leichnam eines Mafiaverräters mit einem anderen Ziel: In diesem Fall soll auch die Familie bestraft werden, indem man ihr eine würdige Beerdigung des beseitigten Verwandten verwehrt. Zudem muss die Familie mehrere Jahre lang auf die Todeserklärung warten, die sie braucht, um eventuelle Ansprüche auf eine Versicherungspolice anmelden zu können.

Der Klang des Maschinengewehrs und der Lupara

Am 27. August 1946 ist während eines Mafiaverbrechens auf Sizilien zum ersten Mal das harte Stakkato eines Maschinengewehrs zu hören: Die Waffe ist wahrscheinlich mit der Landung britisch-amerikanischer Truppen auf die Insel gelangt. Zwei Brüder werden durch die Salve getroffen, Opfer einer langen Serie von Familien-Blutrachen:

zeispitzel werden mit einem Kanarienvogel oder einer Maus, die man ihnen in den Mund gerammt hat, aufgefunden, ebenso verfährt man mit Verrätern, die unerlaubt Informationen ausplaudern. Zeugen eines Mordes werden bestraft, indem man ihnen die Augen durchbohrt oder entfernt. Wenn jemand die Frau eines Bosses belästigt, wird er ermordet und anschließend kastriert. Um die Beweise für ein Delikt zu beseitigen, denkt sich die *Murder Inc.* sogar eine List aus, die vielleicht durch William Shakespeares »Hamlet« inspiriert ist: Hier wird der König ermordet, indem ihm Gift ins Ohr

Rechte Seite:
Die Lupara mit großkalibriger Munition ist die Waffe par excellence *der Mafiosi. Das Maschinengewehr fand seit dem Ende des Zweiten Weltkriegs Verbreitung.*

Sie werden von den Killern überrascht, während sie vor dem Haus Karten spielen. Im Dorf findet gerade eine religiöse Prozession statt, die sich durch die Straßen des palermitanischen Stadtbezirks Ciaculli schlängelt.[5] Bilanz des Hinterhalts: ein Toter und ein Verletzter. Der Vorfall markiert den Beginn für den Einsatz neuer Waffen, die viel moderner und leistungsfähiger als die Lupara sind.

Von da an sind Maschinengewehrsalven an Schauplätzen von Mafiamorden immer häufiger zu vernehmen. Waffen für einen endlosen Krieg, der in jüngster Zeit mit Kalaschnikows, Maschinenpistolen vom Typ Skorpion, französischen Mauser oder auch israelischen Uzi-Maschinengewehren geführt wird. Diese Waffen können das Panzerglas von Fahrzeugen, die als Transportmittel für wichtige Persönlichkeiten dienen, durchschlagen. Normalerweise werden die Waffen in unterirdischen Bunkern in Palermo und Neapel versteckt. In diesen Tunneln, die zu Arsenalen umgewandelt sind, verzichten die Camorra-Bosse nicht auf einen gewissen Komfort und finden sogar die Zeit, sich unter künstlichem Licht zu bräunen …

In den Todesbunkern, die auch als Verstecke dienen, findet man Waffen aus aller Welt.

Vendette »trasversali« und in Säure aufgelöste Leichname

Einen engen Verwandten eines Kronzeugen zu töten, auch wenn dieser mit der Entscheidung, mit der Justiz zusammenzuarbeiten, rein gar nichts zu tun hat, wird in Sizilien als *vendetta trasversale* bezeichnet. Auch Giuseppe di Matteo, ein dreizehnjähriger Pferdenarr, ist eines dieser Opfer. Am 23. November 1993 wird er entführt, während er auf dem Reitplatz von Villabate[6] trainiert, der mehreren Ehrenmännern gehört. An der Entfüh-

rung sind fast 100 Personen[7] beteiligt, unter anderem auch der Boss von San Giuseppe Jato, Giovanni Brusca, der während des Attentats auf Richter Falcone die Fernsteuerung zündete. Hierdurch soll Giuseppes Vater, Mario Santo di Matteo, dazu gebracht werden, seine Geständnisse zurückzuziehen, durch die er die *cosche* um die Corleonesi bereits belastet hat. »Während Giuseppe in der Provinz Agrigent versteckt wurde« – so gesteht Brusca in einem Buch, das der italienische Journalist Saverio Lodato nach dessen Verhaftung schreibt –, »habe ich die ersten Kontakte zu den Familienangehörigen aufgenommen«.[8] Die Gefängniswärter, die den Jungen bewachen, machen ein Foto von ihm, das ihn mit der aktuellen Tageszeitung abbildet, als Beweis, dass er noch am Leben ist. Die Aufnahmen werden zusammen mit Nachrichten, die der Junge nach Diktat eigenhändig geschrieben hat, an Giuseppes Familie geschickt. »Er soll die Klappe halten«, lautet die Drohung an den Vater, der im Gefängnis sitzt. »Ich zwang ihn sogar, Zettel zu schreiben« – fügt Brusca hinzu –, »um den Großvater zu drängen, auf den Vater einzureden und ihn dazu zu bringen, seine Aussagen zu widerrufen«.[9] Der Großvater tut alles, um seinen Enkel zu retten, und versucht seinen Sohn zu überreden, einen Rückzieher zu machen. Doch vergeblich. Als Brusca durch das Fernsehen von der lebenslangen Freiheitsstrafe erfährt, die, während er untergetaucht war, über ihn verhängt wurde, gibt er den Befehl, Giuseppe zu beseitigen. Der Junge wird stranguliert und sein Leichnam anschließend in Säure aufgelöst.

In Bezug auf Grausamkeit kennt der Einfallsreichtum der Mafia keine Grenzen, vor allem nicht, wenn ein Verräter bestraft werden soll. Den langsamsten Tod erleidet das Opfer durch Selbststrangulation. Im Mafia-Jargon wird diese Methode *incaprettare* genannt, das heißt, das Opfer wird wie ein Lamm mit einem Strick, mit dem zuerst Knöchel und Hände zusammengeknotet werden, festgebunden. Dieser wird durch die Beine geführt, die nach hinten gebogen werden, und schließlich um den Hals geschlungen. Wenn die Anspannung der Muskeln, die sich in dieser Stellung zusammenziehen, nachlässt, stirbt das Opfer an Erstickung. Einen noch schrecklicheren Tod erleiden diejenigen, die Schweinen bei leben-

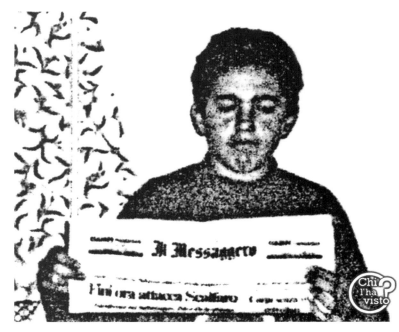

Vendetta »trasversale«: Giuseppe di Matteo wurde zwei Jahre lang gefangen gehalten, bevor er erwürgt und in Säure aufgelöst wurde. Sein Vater war ein Mafia-Kronzeuge.

digem Leib zum Fraß vorgeworfen werden. Das Opfer wird mitten zwischen die Schweine geworfen, die tagelang in einem Gehege mit Zementboden ausgehungert werden, damit sie nicht den Boden aufwühlen und zufälligerweise Futter finden können, das das heftige Hungergefühl lindern könnte. Der Körper des Opfers wird zuvor rasiert und verletzt, damit die Tiere, die durch den Blutgeruch angestachelt werden, das frische Fleisch zerfetzen, denn diese Tiere fressen normalerweise kein totes Fleisch.[10]

Hinrichtungskommandos aus dem Ausland

Es sind sizilianische Hände, die die Waffen halten, mit denen Carmine Lilo Galante, genannt *Big Cigar*, am 12. Juli 1979 erschossen wird, während er an einem kleinen Tisch in einer Trattoria in New Yorks Stadtteil Brooklyn zu Mittag isst. Seine mög-

liche Nachfolge als Anführer der Bonanno-Familie, einer der fünf Familien, die sich die illegalen Geschäfte im *Big Apple* teilen, stört die *zip* – eine abwertende Bezeichnung für Sizilianer, die einen starken und viel zu schnellen Dialekt sprechen, den ihre nach Amerika ausgewanderten Landsleute nicht verstehen.[11] Von den Kugeln getroffen, stirbt Galante noch mit der Zigarre im Mund und einem erstaunten Gesichtsausdruck.[12] Pietro Inzerillo wird am 15. Januar 1982 in Mont Laurel, New Jersey, getötet. Er wird durch Auftragskiller der Corleonesi aus dem Weg geräumt, die im zweiten Mafiakrieg, der in Palermo entbrannt ist, reinen Tisch mit all ihren Feinden machen sollen.[13] Sein mit Schüssen durchlöcherter Leichnam wird mit fünf US-Dollar im Mund und zwei auf den Geschlechtsteilen aufgefunden. Aus der Symbolsprache der Mafiosi übersetzt, bedeutet dies: Das Opfer hat der Organisation Geld gestohlen und wird daher als »armes Würstchen« betrachtet.[14] Die Mörder aus dem Ausland verschwinden, ohne Spuren zu hinterlassen.

Die *Stidda* (dielektal für »Stern«) von Agrigent, eine von der Cosa Nostra unabhängige kriminelle Organisation, schickt hingegen Auftragskiller aus Deutschland nach Sizilien, die Rosario Livatino am 21. September 1990 beseitigen. Der junge 37-jährige Staatsanwalt hatte beschlossen, das Vermögen der *cosche* unter die Lupe zu nehmen. Dies verfolgte er durch strenge Anwendung der Gesetze und Anordnungen zur vorbeugenden Beschlagnahme von Gütern, die Personen gehören, welche der Zugehörigkeit zu einer mafiosen Vereinigung verdächtigt werden. Livatino wird von den Killern beschossen, als er ohne Begleitschutz in seinem amarantroten Ford Fiesta auf der Staatsstraße Richtung Caltanissetta unterwegs ist. Die ersten Schüsse lassen das Heckfenster des Autos zerbersten. Der junge Staatsanwalt versucht zu entkommen, indem er sich in eine Böschung stürzt, doch die Mörder holen ihn ein, beschimpfen ihn heftig und schießen ihm in den Kopf. Er kann nur noch sagen: »Aber warum, was habe ich euch getan?« Die Killer kehren dorthin zurück, woher sie gekommen sind. Sie werden jedoch anhand der Angaben eines aus Norditalien stammenden Zeugen, der auf der Straße fuhr, die zum Schauplatz des Blutbads wurde, sowie aufgrund der Aussagen mehrerer Kronzeugen gestellt und zu einer lebenslangen Freiheitsstrafe verurteilt.

Querschläger und Autobomben mit TNT-Sprengstoff

Die Mafia hat nicht nur auf Sizilien häufig aus Versehen getötet, vor allem in den Jahren der Fehden zwischen den aufstrebenden *cosche*. Im August 1956 gerät Giuseppina Savoca, ein zwölfjähriges Mädchen, zufällig in die Schussbahn der Kugeln, die aus einem vorbeifahrenden Auto in

Poliziotto ucciso: "Segreto di Stato
Massa ucciso con la moglie con venta la Procura trova il killer ma deve ferm

der Via Messina Marine[15] in Palermo abgefeuert werden. Ein ähnlicher Vorfall ereignet sich auch am Abend des 22. April 1999, als Stefano Pompeo, ein elfjähriger Junge, seine unschuldige Neugier mit dem Leben bezahlen muss. Er drängt darauf, bei seinem Vater im Jeep mitfahren zu dürfen, der auf dem Landgut eines Mafiosi ein Schwein schlachten soll. Die Killer einer verfeindeten Familie haben sich auf die Lauer gelegt, um ihren Gegnern eine Falle zu stellen, als sie den Geländewagen des Bosses auf sich zufahren sehen. Ohne die Insassen zu erkennen, schießen

sie los und treffen Stefano am Kopf. Unschuldige Opfer, die durch Querschläger getroffen werden oder durch ferngesteuerte Autobomben getötet werden. Jedes Jahr gedenkt man in Pizzolungo auf der Straße nach Trapani des Attentats vom 2. April 1985, in dem Barbara Asta und ihre sechsjährigen Zwillinge Salvatore und Giuseppe ums Leben kamen. Sie wurden von der Wucht der TNT-Bombe erfasst, die für den Richter Carlo Palermo bestimmt war. Der gepanzerte kleine Alfa des Richters, der in Drogen- und Waffengeschäften ermittelt, überholt den Kleinwagen der Frau genau an der Stelle, an welcher der Sprengkörper platziert ist. Das Auto der Frau wird zum Schutzschild für Palermos Wagen, der das Attentat hierdurch auf wundersame Weise überlebt.[16]

Ida Castellucci, die im fünften Monat schwanger ist, und ihr Ehemann, der Polizist Antonio »Nino« Agostino, werden am 5. August 1989 in Villagrazia di Carini ermordet, als sie gerade aus den Flitterwochen kommen. Diesen Vorfall, wie auch viele andere Mafiaverbrechen, konnte die italienische Staatsanwaltschaft bisher noch nicht vollständig aufklären (nach dem Doppelmord ging die Justiz davon aus, dass die Tat im Affekt verübt worden war[17]), trotz des friedlichen »Kampfes«, den Ninos Vater Vincenzo seit zwanzig Jahren führt: Er hat geschworen, seinen langen weißen Bart erst zu schneiden, wenn die für den Tod seines Sohnes und seiner Schwiegertochter verantwortlichen Täter durch die Justiz gestellt wurden. Doch dieser Tag ist vielleicht nicht mehr allzu fern: Am 8. Mai 2010 hat die Anti-Mafia-Staatsanwaltschaft den Fall wieder aufge-

nommen. Die Ermittler Agostino und sein Kollege Emanuele Piazza (der 1990 unter mysteriösen Umständen verschwunden ist) vertreten die These, dass das Ehepaar für Geheimdienste arbeitete und den Sprengstoff entdeckt hatte, der in der Gegend des Ferienhauses versteckt war, das Giovanni Falcone im Juni 1989 gemietet hatte. Am Ort des gescheiterten Attentats hatten sie ein anderes Team von Mitgliedern des Geheimdienstes entdeckt, die wahrscheinlich mit der Mafia unter einer Decke steckten. Dies sei der wahre Grund dafür gewesen, dass man sie aus dem Weg geräumt hatte[18].

Die Stimme von Radio Aut geht nicht mehr auf Sendung

Andere Personen hingegen, die entschieden haben, sich gegen die Macht der Mafia aufzulehnen, werden als Opfer auserkoren. Don Giuseppe Puglisi, der Priester, der auf der »falschen« Seite des palermitanischen Stadtteils Brancaccio geboren wurde, wird im September 1993 getötet, weil er versucht, die Jugendlichen, die bereits im Dienst der Clans stehen, aus den Klauen der kriminellen Organisation zu befreien. Doch es gibt auch Geschichten von Personen, die nach der Logik der Mafia zwar auf

der »richtigen« Seite geboren wurden, doch einen »falschen« Weg eingeschlagen haben, wie beispielsweise Peppino Impastato, Sohn von Luigi, eines Ehrenmannes der *cosca* von Cinisi. Peppino will nicht in die Fußstapfen seines Vaters treten und tritt der *Democrazia Proletaria* bei, einer kleinen marxistisch ausgerichteten Partei. 1977 gründet er Radio Aut. Über dieses Medium und durch seine Stimmimitationen verspottet und verrät Peppino die Bosse zugleich, die in den internationalen Drogenhandel am Flughafen Palermo-Punta Raisi verwickelt sind. Die Lieblingszielscheibe seiner Sendungen ist jedoch Gaetano Badalamenti, die Nummer eins der Cosa Nostra. In der Nacht vom 8. auf den 9. Mai 1978 verstummt er jedoch für immer. Die Mafiosi binden den Leichnam des jungen Mannes, der wahrscheinlich an einem anderen Ort ermordet

wurde, auf Bahngleisen fest. Anschließend zünden sie eine Ladung Sprengstoff unter seinem Körper, um den Eindruck zu erwecken, dass er sich wegen der Planung eines terroristischen Attentats selbst dort hingelegt hätte.[19] Seine Mutter Felicia bricht die Mauer des Schweigens, die *omertà*, die auch den Frauen der Mafia auferlegt ist. Da sie die Erinnerung an ihren Sohn um jeden Preis lebendig halten will, trägt sie mit ihren Aussagen dazu bei, dass die Ermittlungen zu seinem Mord wieder aufgenommen werden. 2002 wird Gaetano Badalamenti als Auftraggeber des Mordes zu einer lebenslangen Freiheitsstrafe verurteilt. Die Liste der unschuldigen Mafiaopfer hat bereits hunderte Seiten von Gerichtsurteilen gefüllt. Auch Journalisten wie Mauro de Mauro, der 1970 spurlos verschwindet, gehören zu den Opfern. Sein Kollege Giovanni Spampanato wird zwei Jahre später ermordet. Beide hatten mutige Enthüllungsartikel verfasst, die mit großem Erfolg auf den Seiten der palermitanischen Tageszeitung *l'Ora* veröffentlicht wurden.

Auch in Apulien, dem Reich der Sacra Corona Unita, werden Morde begangen und das Blut von unschuldigen Personen vergossen: 1991 werden die 27-jährige Paola Rizzello und ihre zweijährige Tochter Angelica Pirtoli auf Anordnung eines örtlichen Bosses entführt. Dieser hat seiner ehemaligen Geliebten nicht verziehen, dass sie ihn für einen anderen Mann verlassen hat. Er begeht Doppelmord. Gedenktafeln und Gedenkstätten würdigen heute die vielen Mafia-Opfer, so auch die Tafel an einer römischen Villa, die von einem Mafia-Paten beschlagnahmt wurde und zum »Haus des Jazz« wurde. Die Namen von 600 Personen sind hier eingraviert.

Linke Seite:
Lupara Bianca. *Kurz vor seinem Verschwinden arbeitete Mauro de Mauro, Autor mehrerer Enthüllungsberichte über den Drogenhandel, an dem Drehbuch für einen Film über den Tod des Präsidenten der ENI (»Ente Nazionale Idrocarburi«, italienische staatliche Erdölgesellschaft). Enrico Mattei kam offiziell im Oktober 1963 bei einem Flugzeugabsturz ums Leben, wurde jedoch gemäß den Aussagen verschiedener Kronzeugen von derMafia ermordet.*

Rechte Seite:
Ein mutiger Unternehmer. Libero Grassi wird am helllichten Tage in Palmero erschossen. Er hat sich öffentlich gegen das Gesetz des pizzo aufgelehnt.

DAS BLUTBAD VON DUISBURG: DIE 'NDRANGHETA LANDET IN DEUTSCHLAND

Ausgelöst durch einen dummen »Karnevalsscherz«, endet die schreckliche *faida* (Blutrache der Mafia), die 16 Jahre zuvor im kalabrischen Dorf San Luca begann, am 15. August 2007 in Duisburg in einem Blutbad. Die sechs jungen Italiener, die vor einer Pizzeria im Klöcknerhaus ermordet werden, stammten aus dem kleinen Dorf in Kalabrien, wo sie ihre Ferien verbrachten oder ihre Mütter und Verlobten besuchten. Diese nehmen in San Luca auch ihre Särge in Empfang. Dort herrscht in der Gesellschaft eine angespannte Stimmung. Sondertruppen der Carabinieri werden mit dem Helikopter eingeflogen, um das Dorf zu überwachen, da man befürchtet, dass es zu weiteren Blutbädern kommen könnte. Die Ereignisse von Duisburg haben dazu beigetragen, den Vormarsch der kalabrischen 'Ndrangheta in Europa, der bis zu diesem Zeitpunkt verschleiert war, auf tragische Weise zu enthüllen. Auch die immer beunruhigenderen Polizeiberichte legen hiervon ein lebhaftes Zeugnis ab, wie im Übrigen auch die Ermittlungen, welche die italienische Justiz in der Hoffnung durchgeführt hat, ein Phänomen greifbar zu machen, dessen Aufbau und genaue Ausmaße geheimnisvoll bleiben. Obwohl die Ermittlungen unvollständig sind, haben sie die Aufmerksamkeit auf eine mafiose Organisation gerichtet, die höchstwahrscheinlich heute in finanzieller Hinsicht mächtiger ist als die sizilianische Mafia. Ihre legendäre Grausamkeit hat sie sich allerdings bewahrt, wie der 1991 in Taurianova, in der Provinz Reggio Calabria, gemachte Fund eines enthaupteten Kopfes beweist, den Clans als Zielscheibe benutzten.[20]

CHRONOLOGIE

10. Februar 1991 An diesem Karnevalstag schlägt das harmlose Spiel einer Gruppe von Jugendlichen, die sich in einer kleinen Bar in San Luca, im Herzen des Aspromonte, mit Eiern und Mousse bewerfen, in eine Tragödie um. Die Gruppen gehören zwei verfeindeten Familien an, dem Nirta-Strangio-Clan und dem Pelle-Vottari-Clan. Um Blutrache zu nehmen, werden zwei Mitglieder des Nirta-Strangio-Clans getötet.

1. Mai 1993 Auch am Tag der Arbeit ruhen die Waffen in San Luca nicht. Vier Personen werden erschossen, zwei auf jeder Seite der verfeindeten Familien.

31. Juli 2006 Ein Verbündeter der Vottari, der sich in die Fehde einmischt, wird verwundet und erleidet dauerhafte Verletzungen an der Wirbelsäule.

Weihnachten 2006 Die Schwester eines Mitglieds des Strangio-Clans wird ermordet. Wenn nicht einmal Frauen und Kinder verschont werden, bedeutet das nach dem Mafia-Kodex, dass Hass und Rache keine Grenzen kennen.

15. August 2007 Die Fehde von San Luca verlagert sich nach Deutschland. Mitten in der Nacht werden vor der italienischen Pizzeria »Da Bruno« sechs Personen ermordet, die dem Pelle-Vottari-Clan angehören. Zwei Killer, die ihnen hinter einem Busch auflauern, feuern 54 Schüsse auf ihre Opfer ab. Das jüngste Opfer ist erst 16 Jahre alt. Im Restaurant finden die Ermittler ein Remington-Sturmgewehr des Kalibers 223 und ein Gebetbuch. Im Portemonnaie eines der Toten steckt das halb verbrannte Bild des Erzengels Michael, das religiöse Symbol, das beim Initiationsritual der 'Ndrangheta verwendet wird. Heute hat das Restaurant einen neuen Besitzer, das alte Schild wurde für mehrere tausend Euro im Internet verkauft. In San Luca scheint wieder Frieden eingekehrt zu sein, denn, so erzählt man sich im Dorf hinter vorgehaltener Hand, »die Fehde hat zuviel Geld gekostet« ...

7 Der Kampf gegen die Mafia –
von Joe Petrosino und Cesare Mori zu Falcone und Borsellino: die Geschichte von Richtern und Polizisten allein gegen den Geheimbund

Einsatz der Fotografie Ende des 19. Jahrhunderts zur Identifizierung von Mafiosi. Joe Petrosino, Polizist und berühmtes Mafia-opfer, ermittelt auf beiden Seiten des Atlantiks gegen die Mafia. Cesare Mori, von Mussolini zur Bekämpfung des organisierten Verbrechens bestimmt und von der sizilianischen Bevölkerung »der eiserne Präfekt« genannt, bekämpft die Mafia mit allen Mitteln. Mutige Justizbeamte und Carabinieri bezahlen ihren Kampf gegen die Cosa Nostra mit dem Leben. Die Anti-Mafia-Ermittlungen der Richter Falcone und Borsellino und ihr tragisches Ende führen in eine tödliche Spirale.

Das Heer der Gesuchten: Unter alten Fahndungsfotos, von den Ordnungskräften zur Suche der Untergetauchten verwendet, findet sich auch eines von Totò Riina (zweite Reihe von links, Zweiter von unten).

Die Identifizierung der Mafiosi

Auf den vergilbten Fotos präsentieren sie sich gern in siegreicher Pose; inzwischen längst gestorben, umgekommen als Verschwörer gegen das aufstrebende Königsreich Italien im Kugelhagel der Polizeikräfte. Bilder aus Archiven und Privatsammlungen zeigen Gauner und Mafiosi im Zweireiher, die auch die Geschichte der Kriminalfotografie erzählen.

Im Jahr 1859 breitet sich in Europa eine neue Mode aus: André Adolphe Eugène Disdéri, ein geschäftstüchtiger französischer Fotograf, fertigt Porträts von Napoleon III., Kaiserin Eugenia und ihrem jungen Erben mit einer Camera obscura an. Hierbei handelt es sich um eine für aristokratische Familien damals noch äußerst unübliche Technik; schließlich waren es die Aristokraten seit Jahrhunderten gewohnt, stundenlang zu posieren, um durch talentierte Maler Unsterblichkeit zu erlangen. Von da an setzt sich der Einsatz von gedruckten Individualfotos im kleinen Visitenkarten-Format von circa 6 x 9 cm durch und kommt auch bald beim einfacheren Volk in Mode. Ab 1860 wird die Fotografie auf Sizilien bei der Suche flüchtiger Personen und zur Karteiführung in Gefängnissen[1] eingesetzt (auch wenn sich das Militär der Fotografie anfangs vor allem zu Propagandazwecken bediente). Da das Banditentum vom jungen Einheitsstaat als inakzeptable soziale Plage angesehen wird, zeigt man Fotos entstellter Bösewichte in grotesken Posen, beispielsweise enthauptet und abgelichtet wie Trophäen nach mittelalterlichem Vorbild, wo die Köpfe der Gerichteten als eindringliche Warnung an den Stadttoren oder auf öffentlichen Plätzen zur Schau gestellt wurden.

Erst in einem zweiten Schritt wird die Fotografie zu einem Instrument der polizeilichen Ermittlung, auch wenn die Fotos zunächst noch einen eher rudimentären Erkennungscharakter aufweisen.

Als Porträts aus Privatalben zufällig in die Hände der palermitanischen Polizei gelangen, beginnt diese damit, die Fotos zu klassifizieren – man ahnte bereits, dass die Bilder für die eigenen Ermittlungen gute Dienste leisten würden. In England wird die systematische Karteiführung aller Häftlinge im Jahr 1870 per Dekret eingeführt, während die französische Polizei, in Alarmbereitschaft versetzt aufgrund der Protestbewegung der Pariser Kommune, im Jahr 1871 Fotografen damit beauftragt, die in der Stadt angerichteten Fälle von Vandalismus per Bild festzuhalten, um die Urheber dingfest zu machen. Hiermit ist das Foto zum Zweck der Aufrechterhaltung der sozialen Sicherheit geboren. Der Kriminalist Alphonse Bertillon, der spätere Leiter des polizeilichen Erkennungsdienstes der Pariser Polizeipräfektur, nutzt diese Art der Fotografie und entwickelt mit der Methode der »Kriminalanthropometrie« ab 1879 ein Identifikationssystem, das auf der detaillierten Erhebung bestimmter Körpermaße beruht.[2]

Sowohl in Sizilien als auch in Amerika wird die Erfassung von und die Fahndung nach Mafia-Bossen und Kriminellen auf der Basis von Fotos und Phantombildern schnell zu einer der Prioritäten im Kampf der Ordnungskräfte gegen das organisierte Verbrechen. Nach und nach entwickelt sich das neue Instrument zu einem wesentlichen Bestandteil der systematisch angewendeten Ermittlungstätigkeiten von Justiz- und Polizeikräften bei der Identifizierung gesuchter Personen.

Detektivgeschichte: »Hände hoch! Ergebt euch, sonst werdet ihr erschossen!«. Derartige Episoden und Heldentaten des berühmten italoamerikanischen Detektivs Petrosino inspirierten Generationen von Schriftstellern und Zeichnern wie auch in diesem historischen Comic.

Da spazzino a Capo di Polizia

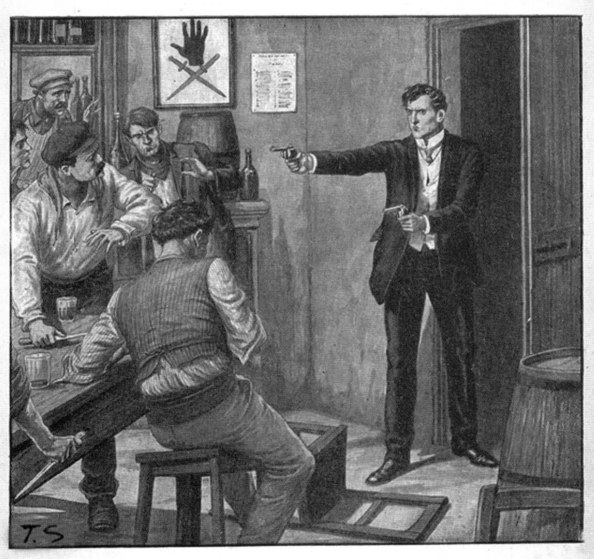

Petrosino gridò; — Mani in alto ! Chi non si arrende sarà ucciso. — Col pugnale alla mano tentarono reagire, ma si calmarono presto sotto la minaccia infallibile delle rivoltelle del poliziotto.

Joe Petrosino fordert die Mafia heraus

Am Abend des 12. März 1909 wird Giuseppe Michele Pasquale, genannt Joe Petrosino, von drei Pistolenschüssen in Genick und Gesicht getroffen und sinkt tödlich verwundet vor dem Giardino Garibaldi mitten auf der Piazza Marina von Palermo nieder. Seine Melone – die von Petrosino aufgrund seiner geringen Körpergröße und seines spärlichen Haarwuchses bevorzugte Kopfbedeckung – rollt durch den Straßenstaub. In seiner Manteltasche findet man ein wertvolles Notizbuch mit unzähligen Namen sizilianischer Vorbestrafter und, auf der letzten Seite mit Bleistift eingetragen, die Namen eines möglichen Auftraggebers und einer weiteren Person – unter Umständen einer seiner Mörder. Joe Petrosino ist der erste New Yorker Polizeibeamte, der während einer Mission im Ausland erschossen wird. Und in der blutigen Geschichte des Kampfes gegen die sizilianische Mafia sollte er dies auch noch lange bleiben.[3] Joe Petrosino, 1860 in Padula in Kampanien geboren und später mit seinen Eltern in die USA ausgewandert, bezahlt auf diese Weise seinen persönlichen Kampf gegen das organisierte sizilianisch-amerikanische Verbrechen mit dem Leben.

Petrosino ist zäh, und er versteht sich auf die Kunst der Verwandlung. Als Bauarbeiter verkleidet, stellt er auf Baustellen in Manhattan seine Nachforschungen an und jagt zweckdienlichen Informationen hinterher. Joe Petrosino kennt die Hintergründe und Missetaten, die sich in den italienischen Vierteln von New York abspielen, bis ins kleinste Detail und konzentriert sich auf den Kampf gegen die Erpresser der Schwarzen Hand.

Bei seinen Recherchen geht es um den sogenannten »Fass-Mord« (*omicidio del barile*): Im April 1903 wird ein mit mehreren Messerstichen ermordeter Mann in einem Fass aufgefunden. Seine abgeschnittenen Hoden findet man im Mund des Toten, bei der Mafia durchaus üblich. Dank seines Spürsinns macht Joe Petrosino die mutmaßlichen Täter im Zusammenhang mit einer Gruppe in Italien gesuchter Sizilianer aus, die des Mordes am Direktor der Bank von Sizilien, Emanuele Notarbartolo, verdächtigt werden; darunter auch Don Vito Cascio Ferro, geboren 1862, ein »gefährlicher Krimineller«, wie Petrosino in seinem Notizbuch vermerkte.

Der Boss von Bisacquino (einem landwirtschaftlichen Zentrum im äußersten Süden der Provinz Palermo) ist, wie viele *uomini d'onore* vom Land, im Grunde genommen Analphabet. Don Vito, ein früherer *campiere*, der sich nicht zuletzt durch Viehdiebstähle bereichert hat, vertritt Ende des 19. Jahrhunderts die Interessen der Halbpächter – die übliche Form der Pacht war in Sizilien die zeitlich begrenzte Halbpacht (*mezzadria*); die Halbpächter gehörten, zusammen mit den Tagelöhnern, praktisch zu den Rechtlosen Siziliens –, allerdings nicht aus idealistischen Gründen, sondern wohl eher aus Profitsucht, denn schließlich gelangt er auf diese Weise an einige für einen lächerlichen Preis veräußerte Grundstücke. Jederzeit herausgeputzt und hochelegant gekleidet (seine Kleidung kauft er beim berühmten Herrenausstatter Bustarino in der Via Maqueda), besucht Don Vito die Theater und Salons der gehobenen Gesellschaft Palermos. Im Jahr 1905 wird Petrosino zum Chef einer kleinen Spezialeinheit der Polizeizentrale

Jagd auf Mafiosi: Joe Petrosino begibt sich nach Italien, wo er Licht in die Verbindungen zwischen der Cosa Nostra und der sizilianischen Mafia bringen will.

Unmögliche Mission: Dem in Palermo ermordeten Petrosino wird von der Polizei die letzte Ehre erwiesen. Sein Leichnam wird in New York beigesetzt.

von New York, ernannt, die mit der Ermittlung von Erpressungsfällen betraut ist. Drei Jahre später wird auf Initiative des Polizeichefs Theodore A. Bingham und dank der finanziellen Unterstützung reicher Vertreter der italienischen New Yorker Gemeinde ein richtiggehender Geheimdienst auf die Beine gestellt, ausgestattet mit umfangreichen Befugnissen. Auf Sizilien lassen die von der italienischen Regierung veranlassten Präventionsmaßnahmen jedoch sehr zu wünschen übrig. Weiterhin strömen unzählige Mafiosi in die Vereinigten Staaten. Um diesen stetigen Zulauf zu unterbrechen, soll ein geheimes Informationsnetz in Sizilien aufgebaut werden, durch das die amerikanische Polizei an zweckdienliche Informationen, auch der sizilianischen Gerichtsarchive, gelangen kann. Zu diesem Zweck wird Joe Petrosino zu Beginn des Jahres 1909 in geheimer Mission nach Italien eingeladen. Petrosino plant insbesondere, die Strafregister bestimmter verdächtiger Individuen einzusehen. Am 20. Februar wird jedoch eine Nachricht im *New York Herald* über Petrosinos Reise nach Sizilien veröffentlicht. Petrosino kommt am 28. Februar in Palermo an und mietet unter falschem Namen ein Zimmer im Hotel de France.

Er hat die Macht und Gefährlichkeit seiner Gegner wohl deutlich unterschätzt; seine Dienstpistole, eine Smith & Wesson Kaliber 38, lässt er in seinem Koffer im Hotel zurück, wie die Ermittler später feststellen. Die Mafiosi nähern sich ihm, während er zu Abend isst, möglicherweise unter dem Vorwand, die von ihm gesuchte Person würde draußen vor dem Restaurant auf ihn warten. Kurze Zeit später zerreißen vier Schüsse die Luft, drei davon erreichen ihr Ziel. Nach der Überführung der

sterblichen Überreste Petrosinos nach New York begleiten die Würdenträger, eine Ehrengarde, die Einheiten der berittenen Polizei als Eskorte für Petrosinos Ehefrau, seine Tochter von kaum drei Monaten sowie seine engsten Verwandten den Trauerwagen mit Petrosinos Sarg. Etwa 20 000 Menschen säumen die Straßen, um Petrosino die letzte Ehre zu erweisen. Joe ist einer der ersten *cadaveri eccellenti* (Originaltitel eines Mafiafilms von Regisseur Francesco Rosi mit dem deutschen Filmtitel *Die Macht und ihr Preis*) der zahlreichen ehrenwerten Richter und Polizeiermittler, die sowohl in den Vereinigten Staaten als auch auf Sizilien den Kampf gegen die Mafia antreten und dabei ihr Leben verlieren. Don Vito wird später als Haupttatverdächtiger festgenommen, jedoch dank der Unterstützung von maßgeblicher Seite und aufgrund seines hieb- und stichfesten Alibis eines »über jeden Zweifel erhabenen« Zeugen von der Anklage freigesprochen.

Der »eiserne Präfekt« landet auf Sizilien

Zu Beginn des 20. Jahrhunderts nimmt die von den *padrini* in ihrem Territorium ausgeübte Kontrolle im Verhältnis zu den Institutionen des Staates eine immer wichtigere strategische Rolle ein. Ab dem Jahr 1913 trägt die Einführung des allgemeinen Wahlrechts für die Männer zusätzlich zum Erstarken der Mafia bei: Mit diesem Gesetz wird die herrschende Klasse endgültig von der Macht der kriminellen Organisation abhängig; sie ist für die Stimmen der Bauern auf dem Land zuständig, während sie als Gegenleistung bei Bedarf Straffreiheit und justizielle Protektion erhält.

Keine Gnade für die Mafia: Der »eiserne Präfekt« Cesare Mori, hier in landesüblicher Kleidung, erhält von Mussolini Sonderrechte im Kampf des italienischen Staates gegen die sizilianischen cosche.

S. E. Cesare Mori, in tenuta.... di campagna.

Als Benito Mussolini im Oktober 1922 an die Macht kommt, führt dies zu einer erneuten Wende. Es herrscht ein Klima der permanenten Abwesenheit staatlicher Institutionen. Die Faschisten bemühen sich um die Unterstützung der örtlichen sizilianischen Aristokratie zur Durchführung von Reformen, die Sizilien zu Ordnung und Sicherheit zurückführen und die Stabilität wiederherstellen sollen, um die sich die vorangegangenen Koalitionen mit liberaler Mehrheit erfolglos bemüht hatten. Die geschäftlich orientierte mafiose Klientel versucht sofort, auf den Karren der Gewinner aufzuspringen und die Sympathie des Duce und seiner Milizen (den Schwarzhemden) zu erlangen. In etlichen Fällen trägt die Mafia nun zum Sturz der sozialistischen Verwaltungen bei, die der Diktatur feindlich gegenüberstehen, oder sie wirkt an der Auflösung der Kooperativen und landwirtschaftlichen Zirkel mit, die bis dahin gekonnt gegen die Großgrundbesitzer ausgespielt wurden.

Aber der Faschismus lehnt die Dienste von Mittelsmännern ab und sucht in der Ausübung seiner Macht den direkten Kontakt zu den Massen. Zwischen 1924 und 1925 hebt das Regime alle bürgerlichen Freiheiten auf, und mit der Änderung des Wahlgesetzes 1928 bringt es die Mafia um ihr wirksamstes politisches Druckmittel: die Kontrolle über die Wählerstimmen auf lokaler Ebene.

Die Gemeinderäte werden aufgelöst und die Bürgerverwaltung direkt den *podestà* (Ortsvorsteher) unterstellt, den durch königliche Ernennung gewählten Funktionären, die sich nur dem Duce gegenüber verantworten müssen. Mussolini entscheidet sich für ein hartes und repressives Vorgehen gegenüber der organisierten Kriminalität. Hierfür hat Cesare Mori (1871–1942) zu sorgen, der im Oktober 1925 mit annähernd uneingeschränkter Machtbefugnis zum Präfekten von Palermo ernannt wird.

Bis 1929 werden 11 000 Personen festgenommen (darunter Don Vito Cascio Ferro, der in New York den Krieg von Castellammare ausgelöst hatte), und am Ende des Jahres verzeichnet Sizilien einen drastischer Rückgang der Morde von 268 auf 77. Flüchtige werden mit brutalen, aber umso wirksameren Methoden dazu gebracht, sich zu stellen, beispielsweise durch Deportation ihrer Familien, der Schlachtung ihres gesamten Viehbestands oder des Verkaufs ihrer Güter. Die Prozesse erfolgen auf der Grundlage von Geständnissen, die auch unter Folter[4] erzwungen werden. Die Justizbehörden verurteilen unzählige mutmaßliche Mafiosi im Rahmen neuer Strafprozessbestimmungen: Oftmals reicht schon der Beweis, dass ein Angeklagter einer kriminellen Vereinigung angehört, eine

Täterschaft an einer bestimmten Straftat muss nicht nachgewiesen werden. Als einige *padrini* von einem Richter freigesprochen werden, interveniert Mori, »der eiserne Präfekt«, und bestimmt, dass jeder verurteilt werden kann, der einer Mitgliedschaft in der Mafia auch nur verdächtigt wird. Die Bosse und ihre Komplizen werden weit von ihren Ländereien und Geschäften verbannt. Mori schreibt in seinen Memoiren, der Grundbesitz wurde »von den Ketten befreit«[5], die die Mafia ihm angelegt hatte. Obwohl auch viele Unschuldige betroffen waren, führen die Maßnahmen Moris dennoch zu einem wirkungsmächtigen Ergebnis. Der Meinung einiger Historiker zufolge handelt es sich hierbei jedoch nur um eine unvollständige Mission, weil sich die Maßnahmen Moris vor allem gegen die Handlanger der »unteren« Mafia-Mitglieder richten, während die höheren Sphären und die Paläste der Mächtigen ausgespart bleiben.

Ohne Zweifel wird die sizilianische Cosa Nostra vom Faschismus in harter und unerbittlicher Weise getroffen, jedoch kann ein Wiedererstarken der alteingesessenen, tief in der Geschichte Siziliens verwurzelten Gruppen[6] nicht verhindert werden. 1929 wird Mori abberufen, ihm wird ein Senatorenposten in Rom angeboten. Man geht davon aus, dass Don Vito Cascio Ferro 1943 im Gefängnis stirbt, nachdem das Gebäude von den Alliierten bombardiert worden war. Immerhin soll sich Don Vito im typischen Jargon der Mafiosi abseits der Gerichtssäle mit dem Mord an Joe Petrosino gebrüstet haben. Es kursiert die Geschichte, dass auf einer der Gefängniswände noch lange der von ihm verfasste Satz zu lesen war: *Vicaria, malatia e nicissitati, si vidi lu' cori di l'amicu* (Gefängnis, Krankheit und Armut offenbaren das Herz des Freundes). Möglicherweise waren hiermit diejenigen »Freunde« gemeint, die aufgrund der faschistischen Repression in die Vereinigten Staaten emigriert waren und die nach Ende des Krieges zum Wiedererstarken der Mafia auf internationaler Ebene beitragen sollten.

Keine Beerdigung für die Cosa Nostra: italienische Ermittler allein im Kampf gegen die Mafia

»Eine Beerdigung für die Mafia? Aber es gibt doch gar keine Mafia!«, war Ende der 1960er-Jahre die entrüstete Antwort vieler italienischer Politiker.[7] Der erste Mafiakrieg jedoch, der 1962 ausbrach, hatte diese lapidare Behauptung längst Lügen gestraft. Im Juni 1963 explodiert eine Autobombe – vermutlich war sie für Salvatore Greco, den *padrino* des palermitanischen Stadtteils Ciaculli, bestimmt – und tötet sieben Carabinieri. Die Mafiosi lassen den Alfa Romeo, mit dem sie unterwegs waren, am Straßenrand stehen, weil ein Reifen geplatzt war. Als die Carabinieri versuchen, das Auto zu öffnen, bemerken sie die doppelte Zündvorrichtung nicht und werden von der Detonation zerrissen.[8] Der italienische Staat muss unmittelbar reagieren, da die öffentliche Meinung Alarm schlägt. Das Parlament verabschiedet neue Bestimmungen gegenüber Mitgliedern der Mafia wie etwa die Verbannung Verurteilter und gräbt alte Maßnahmen aus der Zeit des Faschismus wieder aus.

Mutige gerichtliche Ermittlungen wie die des Generalstaatsanwalts Pietro Scaglione (ermordet im Jahr 1971) und des Ermittlungsrichters Cesare

Oben:
Sackgasse: Die Einfahrt zur Villa Sirena in Ciaculli, wo das mit Dynamit präparierte Auto explodiert, mit dem Salvatore Greco ermordet werden sollte.

Unten:
Erstes Mafia-Massaker: Der durch die Explosion entstandene Krater. Beim Versuch, ein am Straßenrand abgestelltes Auto zu öffnen, sterben sieben Carabinieri.

Bürger und Ordnungskräfte säumen den Corso Vittorio Emanuele in Palermo. Sie begleiten den Trauerzug der Opfer des Massakers von Ciaculli. Doch wie so oft auf Sizilien gewinnt das Gesetz des Schweigens schnell wieder die Oberhand über die Wut der Bevölkerung.

»Cadaveri eccellenti«: *Honoratioren hinter den Särgen der durch eine Autobombe ums Leben gekommenen Carabinieri.*

Terranova (erschossen im Jahr 1979) ebnen den Weg für die großen Mafia-Prozesse. Einige der wichtigsten Bosse der Organisation verschwinden im Untergrund, während andere verurteilt werden. Die Prozesse werden in verschiedenen Regionen Siziliens abgehalten, um Einschüchterungsversuche gegenüber den Gerichten zu vermeiden. Viele dieser Prozesse verlaufen jedoch ergebnislos: Im Jahr 1969 wird Luciano Liggio zusammen mit 63 anderen Angeklagten mangels Beweisen freigesprochen.[9] Die Mafia-Clans profitieren von der Unfähigkeit der Institutionen, die Spirale der Gewalt einzudämmen, und weiten ihren Aktionsradius auf andere Gebiete des Landes und sogar bis ins Ausland aus.

Ende der 1970er-Jahre nimmt der Druck der Ermittler weiter zu. Plötzlich potenzieren sich die *Cadaveri eccellenti,* Morde zum Zweck der Einschüchterung richten sich nun gegen die Vertreter der Institutionen des Staates. Im Jahr 1977 eliminiert die Mafia den Oberst der Carabinieri Giuseppe Russo, 1980 den Chef der Polizei Emanuele Basile auf einem Spaziergang mit seiner vierjährigen Tochter sowie den Staatsanwalt Gaetano Costa. Im Jahr 1983, der zweite Mafiakrieg ist in vollem Gange, wird Generalstaatsanwalt Rocco Chinnici ermordet. Chinnici legte den Grundstein für den späteren *pool antimafia*, die Ermittlungsbehörde von Palermo zur Untersuchung der Beziehungen von Mafia und Politik (bei diesem Anti-Mafia-Pool arbeiten mehrere Untersuchungsrichter gemeinsam an den Ermittlungen, sie teilen sämtliche Informationen, wodurch bei der Ermordung eines Mitglieds kein Wissen verloren geht). Rocco Chinnici, zwei Leibwächter und

die Hausmeisterin seiner Wohnanlage werden durch die Detonation einer ferngesteuerten Autobombe zerfetzt, die in der Nähe des Eingangs zu seinem Wohnhaus angebracht worden war.

Im Sommer des Jahres 1985 bezahlen die Kommissare Beppe Montana und Ninni Cassarà ihren Kampf gegen die Mafia mit dem Leben. Beppe Montana wird erschossen, als er von einer Kontrolltour mit seinem Motorboot, mit dem er die an der Küste gelegenen, luxuriösen Villen der Mafiabosse ausspionierte, zurückkehrt. Ninni Cassarà stirbt im Kugelhagel eines 15-köpfigen Killerkommandos. Seine Frau und sein Sohn müssen vom Balkon aus zusehen, wie mehr als 200 Kugeln auf ihn und seinen jungen Arbeitskollegen Roberto Antiochia abgefeuert werden. Kurz zuvor hatte Cassarà seine Frau angerufen und ihr seine Rückkehr angekündigt. Es besteht der Verdacht, dass Cassaràs Telefongespräch mit seiner Frau von einem Maulwurf abgehört wurde, der Cassaràs Auftragsmörder auf den Plan rief.[10]

Die Morde zeigen, dass diese aufrichtigen Beamten in ihrem verzweifelten Kampf gegen die Mafia-Clans völlig allein standen; ja, dass ihre Arbeit oftmals von korrumpierten Kollegen unterlaufen wird. Mitarbeiter des italienischen Geheimdienstes (Sisde) werden der geheimen Absprache mit den Clans beschuldigt, etwa Bruno Contrada, dem nachgewiesen werden kann, dass er die Cosa Nostra jahrelang über geplante Operationen der Polizei informierte. Andere von den Mafia-Familien infiltrierte Informanten der Sisde werden ihrerseits von den Institutionen verraten, denen sie angehören. Nach vielen Jahren des blutigen und frustrierenden Kampfes, in dem die Justiz schwere Rückschläge

Theorem der Cupola: Giovanni Falcone gelingt es unter anderem dank der Aussagen von Tommaso Buscetta, die Struktur der sizilianischen Cosa Nostra zu rekonstruieren. Dies bereitet den Weg zum Maxi-Prozess im Jahr 1986.

hinnehmen muss, erlaubt es der Einsatz von Spezialabteilungen und immer wirksameren Spionageinstrumenten, im Kampf gegen das organisierte Verbrechen zahlreiche Erfolge zu erringen. Zu lange jedoch wurden die Ermittler der Justiz und Polizei von den Institutionen des Staates alleingelassen, waren dem Zugriff der piovra (Krake) hilflos ausgeliefert, die sich der »enormen Macht eines modernen Staates« bestens zu bedienen wusste.[11]

Auf welcher Seite stand der italienische Staat?

Giovanni Falcone und Paolo Borsellino wurden im Stich gelassen von einem Staat, dessen politische Führung »tiefgreifend von Korruption und geheimen Absprachen verseucht«[12] war. Im schrecklichen Sommer 1992 fallen die Ikonen des Kampfes gegen die Mafia nacheinander Bombenanschlägen zum Opfer. Beide Ermittlungsrichter gehören dem Anti-

Mafia-Pool in Palermo unter Leitung von Antonino Caponnetto an. Falcone und Borsellino gelingt es im legendären Großprozess, der am 10. Februar 1986 in Palermo eröffnet wird, 475 Angeklagte vor Gericht zu bringen. Dies glückt nicht zuletzt deshalb, weil sie sich das Vertrauen der *pentiti* (Überläufer) erwerben konnten, was zu Geständnissen und wichtigen Informationen über die interne Struktur der Cosa Nostra führte.

Giovanni Falcone stößt 1982 zum Anti-Mafia-Pool in Palermo, mit dem Ziel, der Organisation bei ihren Geschäften im Drogenhandel den finalen Schlag zu versetzen. Er hat bereits umfassende Erfahrungen im Zusammenhang mit diversen Recherchen zu Finanzdelikten der Cosa Nostra gesammelt. Falcone unterhält enge Kontakte zu Behörden unterschiedlicher Staaten bei der Nachverfolgung von Spuren der Geldwäsche auf internationaler Ebene. Eine äußerst schwierige Aufgabe,

weil die komplizierten Wege des Geldes auf den Konten von Strohmännern und Fantasieunternehmen zu rekonstruieren sind, die wiederum mit den Mafiabossen in Verbindung stehen.

Paolo Borsellino ist das lebende Archiv der Ermittlungen und hat alle Gruppen und mafiosen Interessen der südwestlichen Region der Insel und insbesondere der Provinz Trapani im Kopf. Das Berufsleben von Falcone und Borsellino ist also auf gleiche Art und Weise miteinander verknüpft, wie es später ihr tragisches Ende sein sollte. Als das Kassationsgericht im Februar 1992 die meisten Urteile des Großprozesses endgültig für rechtens erklärt, ist das Schicksal dieser beiden Richter unumkehrbar besiegelt: Sie stellen für die Cosa Nostra ein zu großes Risiko dar. Giovanni Falcone wird bei einem Bombenattentat am 23. Mai 1992 getötet, Paolo Borsellino stirbt am 19. Juli desselben Jahres durch eine Autobombe.

ALS DIE MAFIA SICH ENTSCHLOSS, EINE AUTOBAHN IN DIE LUFT ZU SPRENGEN

»Sie hatten uns gemeldet, dass Falcone, als er von Punta Raisi wieder nach Palermo zurückkehrte, eine Durchschnittsgeschwindigkeit von 130–140 Stundenkilometern einhielt; mit dieser Geschwindigkeit waren sie immer unterwegs.«[13] Giovanni Brusca ist ein Experte für ferngesteuerte Bomben, und diese Explosion würde in die Geschichte eingehen. Auf das große Falcone-Attentat (das *attentatuni*, wie es in sizilianischem Dialekt bezeichnet wurde) hat sich das Mordkommando mit besonderer Präzision vorbereitet. Der Autobahnabschnitt, den der Richter mit seiner Eskorte vom Flughafen bis zur Stadt passieren würde, ist in Höhe der Abzweigung zur Kleinstadt Capaci mit mehr als 350 Kilogramm Sprengstoff präpariert, in zwölf kleinen Fässern mithilfe von Skateboards in einem Kanalisationsrohr unter der Autobahn platziert. In Abhängigkeit der Geschwindigkeit des Fahrzeugs werden zahlreiche Berechnungen durchgeführt, um den exakten Moment zu bestimmen, in dem die Explosion gezündet werden muss. Einige Meter vor dem Explosionspunkt ist ein alter Kühlschrank abgestellt worden, der als Markierung dient.

Seit der Ankunft am Flughafen folgt dem Richter eine Stafette, die die jeweilige Position der Fahrzeuge per Handy übermittelt. Im gepanzerten Fiat Croma sitzen der Richter am Steuer, seine Frau Francesca Morvillo, ebenfalls Richterin, und der Fahrer auf dem Rücksitz. Dem Auto des Richters voraus fährt ein Begleitfahrzeug mit drei Polizisten, ein weiteres Fahrzeug mit ebenfalls drei Beamten bildet die Nachhut. Auf der Höhe des Kühlschranks fährt der Konvoi plötzlich unerwartet langsam, etwa mit einer Geschwindigkeit von 80 bis 90 Stundenkilometern. Deshalb entschließt sich Brusca, den Moment des Auslösens noch um den Bruchteil einer Sekunde hinauszuzögern, auch wenn sein Komplize mit dem Fernglas neben ihm schon drängt, doch endlich den Knopf zu drücken.

Am 23. Mai 1992, um 17 Uhr 58, gleicht dieser Abschnitt der Autobahn von Palermo plötzlich einem Inferno: Über eine Länge von mehr als 100 Metern ist die Fahrbahndecke der Autobahn weggesprengt, die Detonation hinterlässt einen riesigen Krater. Sowohl Falcone und seine Ehefrau als auch die Polizisten des vorausfahrenden Fahrzeugs, Antonio Montanari, Rocco di Cillo und Vito Schifani, werden von der Explosion in den Tod gerissen. Mehr als 20 weitere Personen werden bei diesem Attentat zum Teil schwer verletzt.

DIE LETZTE ZIGARETTE EINES RICHTERS, DER PALERMO NICHT MOCHTE

In einer seiner letzten Untersuchungen widmet sich Paolo Borsellino den Verflechtungen zwischen Mafia, Politik und Freimaurern; er kennt die Namen von Politikern und Richtern, die in Korruption und kriminelle Absprachen verstrickt sind.[14] Aber Borsellino findet keine Zeit mehr, seinen Bericht abzuschließen. Der Richter, Kandidat für den Posten *Superprocuratore Anti-Mafia*, der »Palermo nicht mochte«, aber dennoch lieben gelernt hatte, wird am 19. Mai 1992, weniger als zwei Monate nach dem Mord an seinem Kollegen Giovanni Falcone, von einer Autobombe getötet. Am frühen Nachmittag warten seine Killer mit einer Fernsteuerung in der Hand darauf, dass sich Schatten auf die oberen Etagen eines noch im Bau befindlichen Palazzos legen würde. Sie lassen den Fiat 126, der in der Via d'Amelio geparkt und mit einer 50 Kilogramm schweren Ladung Sprengstoff präpariert ist, keinen Moment aus den Augen.

Borsellino steigt aus dem Auto und raucht eine seiner zahllosen Zigaretten, während er dem Eingang des Wohnhauses seiner Mutter zustrebt. Der Mann mit der Fernsteuerung aktiviert den Zünder. Die Via d'Amelio verwandelt sich augenblicklich in ein Schlachtfeld. Borsellino und fünf seiner Begleiter sind auf der Stelle tot. 113 Familien werden obdachlos. Emanuela Loi, 25 Jahre, wird das erste weibliche Opfer der Polizei, das bei einem Mafia-Attentat ums Leben kommt.

»Ich bin optimistisch, denn im Vergleich zu meiner schuldhaften Gleichgültigkeit gehen die jungen Sizilianer heutzutage viel bewusster mit den Dingen um als ich bis zu meinem 40. Lebensjahr.« So schreibt *Paolo Borsellino 4 Tage vor seinem Tod in einem Brief an eine Lehrerin aus Padua, die von ihm wissen will, was denn die Mafia sei.*

8 Die großen Mafiosi:
von Tommaso Buscetta
zu Giovanni Brusca

Geständige Mafiosi klagen padrini und führende Politiker an (die vorher für ihren Schutz zuständig waren), um sich den Massakern zwischen den Mafiafamilien zu entziehen. Die Enthüllungen von Tommaso Buscetta über die Struktur der Cosa Nostra und die Komplizenschaft der höchsten staatlichen Institutionen führen zum Großprozess von 1986. Giovanni Brusca offenbart die Hintergründe des Attentats auf Richter Falcone. Ab den 1960er-Jahren nimmt die katholische Kirche eine klare Position gegen die Mafia ein.

Gegen die Mauer des Schweigens: Einer der Anti-Mafia-Prozesse vor dem Gericht von Reggio Calabria. Erst im Jahr 2000 gelingt es den Richtern, langjährige Haftstrafen gegen einige Verantwortliche des illegalen Handels im Hafen von Gioia Tauro zu verhängen.

Die Mauer des Schweigens beginnt zu bröckeln

Mafiosi, die den Treueschwur der Mafia brechen, riskieren ihr Leben. Es sollte folglich eine der größten Herausforderung der nach Sizilien gesandten Ordnungskräfte der römischen Regierung werden, Mafiosi dazu zu bringen, die *omertà*, das eiserne Gebot von Treue und Schweigen, zu brechen. Es dauerte mehr als 100 Jahre und erforderte unzählige Prozesse, von denen die meisten, aller Beharrlichkeit der Staatsanwaltschaft zum Trotz, mit einem »Freispruch mangels Beweisen« ausgingen, bis die sizilianische Mafia endlich bis ins Mark getroffen wurde. Nach Jahrzehnten der illegalen Absprachen mit den Mächtigen und der Strafvereitelung wird das dichte Netzwerk der Mafiafamilien, die bis dahin als absolut unbesiegbar galten, in den 1980er-Jahren erstmals ernsthaft in eine Krise gestürzt.

Beginnend mit den Enthüllungen des Aussteigers Tommaso Buscetta gegenüber Giovanni Falcone, Paolo Borsellino und anderen Richtern des Anti-Mafia-Pools setzt sich die Justizmaschinerie infolge der Geständnisse wichtiger Mafia-Mitglieder endlich in Bewegung. Die besagten Enthüllun-

gen führen zum sogenannten Großprozess, bei dem am 10. Februar 1986 in Palermo gegen 475 der 707 an den Untersuchungen beteiligten Personen Anklage erhoben wird. Im Gerichtssaal des Bunkers, der speziell zu diesem Zweck neben dem Palermitaner Gefängnis von Ucciardone erbaut worden war, werden 1314 Vernehmungen durchgeführt und Prozessakten von circa 700 000 Seiten durchgearbeitet. Am 16. Dezember 1987 verkünden die Richter Giuseppe Ayala und Domenico Signorino rund 400 Urteile mit Haftstrafen von insgesamt 2665 Jahren sowie 19 lebenslange Freiheitsstrafen. Mafiosi vom Kaliber eines Totò Riina und Bernardo Provenzano werden in Abwesenheit verurteilt – beide sind zu dieser Zeit noch flüchtig.[1] Im Januar 1992 erklärt die erste Kammer des italienischen Kassationsgerichts unter Vorsitz von Giuseppe Di Gennaro die Urteile endgültig für rechtens.

Es handelt sich um dieselbe Justizbehörde, die einige Jahre zuvor unter der Leitung anderer Richter Angeklagte im Zusammenhang mit Mafia-Straftaten noch häufig freigesprochen hatte und die für ihr Vorgehen und die mutmaßliche Komplizenschaft mit kriminellen Organisationen[2] in das Kreuzfeuer der journalistischen Kritik geraten war. Selbst wenn die den *pentiti* (Überläufer und Zuträger der Mafia, die, wörtlich übersetzt, auch als »reuige« Mafiosi bezeichnet werden könnten) angebotene Unterstützung nach Jahren unbefriedigender Ergebnisse maßgeblich zum Großprozess von 1986 beitrug, ist das Phänomen des *pentitismo* – beziehungsweise noch allgemeiner des Verrats innerhalb der Organisation – an sich nichts Neues.

Linke Seite:
Rechtsanwälte und Journalisten bei einer Anhörung des 1986 in Palermo stattfindenden Maxi-Prozesses gegen die Mafia.

Rechte Seite:
Wenn die Wahrheit zum Wahnsinn führt: Leonardo Vitale, Soldat im Dienst der Mafia, beschuldigt Totò Riina und den Bürgermeister von Palermo, Vito Ciancimino. Der für geisteskrank gehaltene Vitale wird in eine Strafanstalt für psychisch Kranke eingewiesen. Einige Mafiosi geben sich hingegen als wahnsinnig aus, um dem Gefängnis zu entgehen und früher freizukommen.

Verrat mit langer Tradition

Zumindest in Bezug auf die sizilianische Mafia hat die Ausnahme von der Regel, was die *omertà* betrifft, eine lange Geschichte. Schon ab Mitte des 19. Jahrhunderts strotzten die Polizeiberichte vor Informationen über Aktivitäten, Allianzen, Verbrechen und Konflikte zwischen den verschiedenen Clans, die sich die Kontrolle über ein Gebiet teilten.[3] Die Zuträger der Polizei, die von den Gefolgsleuten der Mafia als Spione oder *infami* (das in der Mafia übliche Schimpfwort für einen Verräter: »ehrloser Abschaum«) beschimpft wurden, gaben ihre Informationen meist aus Rache oder gegen Bezahlung preis. Giuseppa Di Sano war eine der Ersten, die sich auf diese Art rächte. Im Jahr 1896 wurde ihre Tochter irrtümlich von *uomini d'onore* (»Ehrenmänner«) erschossen, die es eigentlich auf sie, Giuseppa, abgesehen hatten, da der örtliche Mafia-Clan sie – zu Unrecht – als Informantin der Polizei ansah. Nach dem Mord an ihrer Tochter entschied sich Giuseppa Di Sano dazu, einen radikalen Schritt zu tun, und die Ermittler auf die Fährte der Schuldigen zu führen.[4]

Allerdings kann die Mafia auch von Personen verraten werden, die zufällig Zeuge einer bestimmten Handlung werden, wie im Falle von Giuseppe Letizia im Jahr 1948. Der junge Schafhirte hatte den Mord eines Mannes in der Nähe des Anwesens Busambra miterlebt und hielt nicht den Mund, was eigentlich ratsam ist, wenn man nicht noch mehr Unglück auf sich ziehen will. Der Corleoneser Luciano Liggio hatte auf Befehl seines Bosses Michele Navarra den Gewerkschafter Placido Rizzotto aus dem Weg geräumt. Unglücklicherweise war besagter Michele Navarra auch Arzt und Direktor des Krankenhauses von Corleone, und als Giuseppe Letizia[5] – er stand noch unter schwerem Schock – ins Krankenhaus eingeliefert wurde, verabreichte ihm Navarra unter dem Vorwand, ihm eine Beruhigungsspritze zu geben, eine tödliche Injektion.

Erst in jüngerer Zeit verwandelte sich das Phänomen des *pentitismo* für die Justiz zu einer wahrhaft gefährlichen Waffe im Kampf gegen die Macht einer Organisation, die die Institutionen des Staates bereits bis in die obersten Ebenen infiltriert hatte.

Als die Ehrenmänner Reue zeigten

Im März des Jahres 1973 macht Leonardo Vitale, ein »Soldat« auf niedriger Hierarchiestufe, eine schwere »spirituelle Krise«[6] durch und entschließt sich spontan, zur Polizei zu gehen und ein ausführliches Geständnis abzulegen. Vitale berichtet vom Initiationsritual der Mafiosi, das bis dahin allein den geheimnisumwitterten Mythen über die Cosa Nostra anzugehören schien. Er erzählt weiter von den »Mutproben«, die diejenigen bestehen müssen, die Mitglieder des Clans werden wollen, und dass es ihm erst im zweiten Anlauf gelungen war, die Aufnahmeprüfung zu bestehen, indem er einen *campiere* ausschaltete, der sich den Befehlen der Familie von Altarello-Porta Nuova zu widersetzen suchte. Seinen Schilderungen zufolge war er bei der ersten Prüfung durchgefallen, weil er nicht den Mut aufbringen konnte, ein friedlich grasendes Pferd zu erschießen.

Vitales Geständnis beruht auf dem Schuldgefühl, in eine »Gesellschaft hineingeboren zu sein, in der alle Mafiosi sind und als solche respektiert werden, während alle Nicht-Mafiosi der Verachtung preisgegeben sind«.[8] Abschließend gibt Vitale zu Protokoll: »Einer Gesellschaft, der ich, Leonardo Vitale, auferstanden im Glauben an den wahren Gott, zum Opfer gefallen war.« Aber da sein Geständnis recht wahnsinnig klingt, messen die ersten Richter seinen Enthüllungen kaum Bedeutung zu. Vitale, der fortan als geistesgestört gilt und die meiste Zeit in Instituten für psychisch Kranke verbringt, wird im Juni 1984 entlassen und von der Mafia im Dezember desselben Jahres eliminiert, als er in Begleitung seiner Mutter und seiner Schwester die Heilige Messe verlässt.

Im Mai des Jahres 1978 liefert der *padrino* von Riesi, Giuseppe Di Cristina, den Carabinieri einen Organisationsplan sizilianischer Mafia-Familien, die die Eliminierung von Mitgliedern seines Clans angeordnet haben. Er hofft, auf diese Weise den blutigen Vormarsch der Corleoneser, die von Luciano Liggio, Totò Riina und Bernardo Provenzano angeführt werden, stoppen und der Vorherrschaft der gehassten Rivalen ein Ende setzen zu können. Di Cristina wird wenige Tage später in Palermo auf offener Straße erschossen.

Einige Jahre danach bröckelt die Mauer des Schweigens auch in den Gerichtssälen. Erste Risse waren bereits durch die bei der Polizei hinterlegten Zeugenaussagen und die Geständnisse entstanden, die sich aus »den persönlichen und insofern notwendigerweise ambivalenten Beziehungen«[8] zwischen Mafiosi und Ordnungshütern ergeben hatten. Entscheidend wirkt sich in dieser Hinsicht der Großprozess von 1986 aus, denn gewisse *uomini d'onore* entschließen sich, den Ehrenkodex des Schweigens öffentlich zu brechen. Diese Entwicklung wird durch einige Gesetzesänderungen begünstigt, die es den Justizbeamten erlauben, die von den *pentiti* abgelegten Zeugnisse wie ein trojanisches Pferd zu nutzen, um immer weiter in das Innere der Cosa Nostra vorzudringen.

Das Gesetz untergräbt die Grundfesten der Mafia

Erst 1975 taucht der Begriff »Mafia« zum ersten Mal in einem Gesetzestext der italienischen Republik auf. Man muss allerdings weitere sieben Jahre

warten, ehe ein vom kommunistischen Parlamentsabgeordneten Pio La Torre vorbereitetes Strafgesetz verabschiedet wird (La Torre wird noch im selben Jahr ein *cadavero eccellente* der Mafia). Durch dieses Gesetz macht sich schon derjenige strafbar, der einer »mafia-ähnlichen Organisation« angehört. Endlich sind italienische Richter in der Lage, eine Gesetzeshürde zu nehmen, die den Mafiabossen bis dahin Straffreiheit garantierte. Um Mitgliedern der Mafia den Prozess zu machen, stand den Gesetzeshütern bis dato nur der allgemeine Straftatbestand der »Bildung einer kriminellen Vereinigung« aus der Zeit des Faschismus zur Verfügung. Derselbe erwies sich jedoch als ungeeignet, mafiosen Vereinigungen auf den Leib zu rücken, zumal die Organisationen über die Jahre eine sehr viel komplexere Struktur aufwiesen. Um die Existenz eines Clans zu beweisen, mussten die Richter demselben spezifische Absichten nachweisen und die Verantwortung für Straftaten den mutmaßlichen Mitgliedern des Clans zuordnen.

Mit dem neuen Artikel 416 des italienischen Strafgesetzbuchs werden diese Verfahrenshindernisse endgültig überwunden: Eine mafia-ähnliche Vereinigung liegt dann vor, wenn die Gruppe von mindestens drei Personen gebildet wird und »ihre Mitglieder Mittel der (sich aus der Vereinsbande ergebenden) Einschüchterung, der Unterwerfung und – als Folge davon – des Schweigens einsetzen, um Verbrechen zu begehen, um direkt oder indirekt die Organisation und die Kontrolle über Wirtschaftsaktivitäten sowie Konzessionen oder Genehmigungen zu erlangen, um für sich selbst oder andere ungerechtfertigte Profite oder ungerechtfertigten Vorteile zu realisieren oder um die freie Ausübung des Stimmrechts im Verlauf von Wahlen zu behindern oder zu vereiteln«.

Es ist eindeutig, dass die Richter des Großprozesses von 1986 ohne eine derartige juristisch präzise Definition der Mafia mit einem enormen Problem konfrontiert gewesen wären: Trotz der wahrlich sensationellen Enthüllungen eines Tommaso Buscetta über die Struktur und die Mitglieder der Cosa Nostra hätten sie die Existenz einer Gruppe beweisen müssen, die nach einem speziellen kriminellen Muster aufgebaut ist, noch bevor sie über die Schuld eines jeden Einzelnen der annähernd 500 Angeklagten hätten befinden können.

Ein ungewöhnlicher Werdegang: Vom Drogenbaron zum Informanten, der sich an der Mafia rächt. Buscetta, von Carabinieri umgeben, nach seiner Auslieferung aus Brasilien wird 1984 »den Zwängen gehorchend« zum Kronzeugen.

Tommaso Buscetta und seine dramatischen Enthüllungen über die Cosa Nostra

Tommaso Buscetta, geboren 1928 in Palermo, ist das jüngste von 17 Kindern und wendet sich bereits in seiner Jugend illegalen Aktivitäten zu. Mit 17 Jahren wird er unter dem Namen Don Masino in die Mafia aufgenommen. Später schließt er sich dem La-Barbera-Clan an, der unter anderem im Tabakschmuggel aktiv ist und kurze Zeit später ins Visier der skrupellosen Corleoneser gerät. Als der erste Mafiakrieg zwischen den rivalisierenden Banden in den 1960er-Jahren Sizilien bis ins Mark erschüttert, reist Buscetta unter falschem Namen in die Vereinigten Staaten, nach Mexiko und Brasilien, wo er im Jahr 1972 festgenommen, nach Italien ausgeliefert und dort wegen illegalen Drogenhandels zu acht Jahren Haft verurteilt wird.

Weil er sich verfolgt fühlt, geht er 1980, nach seiner Entlassung aus dem Gefängnis, nach Südamerika: Seine Verbindungen zu Familien, auf die es der Corleonese-Clans abgesehen hat, bringen ihn und seine engsten Verwandten in Gefahr. Während des zweiten Mafiakriegs, töten die Corleoneser zwei seiner vier Söhne aus seiner ersten Ehe. Dies ist aber nur der erste Vergeltungsschlag in einer nicht abreißenden Folge von Racheakten, denen nacheinander ein Bruder, ein Schwiegersohn, ein Schwager und vier Enkel Buscettas zum Opfer fallen. Im Oktober 1983 wird Buscetta in São Paolo erneut verhaftet, und da er weiß, dass die brasilianische Justiz ihn nach Italien ausliefern wird, schluckt er Strychnin, um sich umzubringen – aber sein Selbstmordversuch misslingt.

Die Presse schenkt Buscettas Festnahme erhebliche Aufmerksamkeit und tauft ihn auf den Namen »Boss von zwei Welten«. Buscetta ist zwar auf beiden Seiten des Atlantiks eine bekannte Persönlichkeit zweifelhaften Ruhms, der Name verschweigt aber die große Kluft, die zwischen der amerikanischen Cosa Nostra und der sizilianischen Mafia besteht. Getrieben von seinen Ohnmachtsgefühlen gegenüber den Gewinnern des Mafiakriegs, die ihn seiner engsten Vertrauten und Familienmitglieder beraubt haben, und überzeugt vom Charisma des Richters Giovanni Falcone entschließt sich Tommaso Buscetta im Sommer des Jahres 1984, mit der italienischen Justiz zusammenzuarbeiten. »Ich möchte vorausschicken«, liest man in seiner ersten Zeugenaussage, »dass ich kein Spion in dem Sinn bin, dass ich mich mit dem, was ich zu Protokoll geben werde, der Justiz anbiedern möchte. Ich bin nicht einmal ein *pentito* in dem Sinn, dass meine Enthüllungen geprägt wären von kleinlicher Berechnung, mir Vorteile verschaffen zu wollen«.[10] Im Zwiegespräch mit den Richtern verleugnet Buscetta nicht seine Vergangenheit und auch nicht die Bedeutung des von ihm absolvierten Initiationsritus, bei dem als Symbol für den Tod als normaler Mensch und seine Wiedergeburt als Ehrenmann in der Hand des Kandidaten ein Heiligenbild verbrannt wird.[11] Buscetta will vielmehr das Unrecht rächen, das ihm von der Organisation angetan worden ist, ohne jedoch den Schwur zu verleugnen, durch den er für immer zu einem Vertreter der Unterwelt geworden ist – einer Welt, die nach völlig anderen Regeln und moralischen Grundsätzen funktioniert als die Welt der offiziellen Institutionen.

Reise ins Herz der Mafia

Buscetta (wie auch Giuseppe Di Cristina) wird zum *pentito*, weil er zu den Verlierern gehört, aber auch, weil es ihm in seiner neuen Rolle des Kollaborateurs mit der Justiz weiterhin möglich ist, wie ein typischer Mafioso zu handeln: Durch sein Bündnis mit der Welt der Institutionen, bei der er seiner Rache mit anderen Mitteln freien Lauf lässt, kann er seinen Kampf gegenüber einem System fortführen, das ihm den Rücken zugekehrt hat.

Er offenbart die innere Struktur der Cosa Nostra und präzisiert, dass die *uomini d'onore* in Palermo zu einer *borgata* (Vorort), in kleineren Städten zu einer *località* (Ortschaft) gehören, das heißt zu einem *territorio* (Revier), das der Kontrolle einer bestimmten *cosca* (Familie) untersteht. Diese Familie wird von einem *capo* (Boss) befehligt, der mit der Zustimmung der anderen Mitglieder ernannt wird, die ihrerseits einen *sottocapo* (Unterboss), einen oder mehrere *consiglieri* (Berater) und einen *capodecina* (»Zehnerführer«) ernennen, der wiederum die Aktivitäten von zehn *soldati* (Soldaten) koordiniert, die seinem Befehl unterstehen. Die Spitze der Mafia-Pyramide, so Buscetta, wird von einer gemeinsamen Führung gebildet, der sogenannten *commissione* oder *cupola* (Kommission beziehungsweise Kuppel), die sich aus unterschiedlichen Mitgliedern zusammensetzt, eine bestimmte Anzahl von Clans repräsentiert und sich ein Gebiet teilt. Den Vorsitz in der Kommission hat der *padrino dei padrini* (Boss der Bosse), der wiederum in Kontakt mit den höchsten politischen und staatlichen Stellen steht, die mit der Mafia kooperieren und die sozusagen eine dritte Ebene bilden – über die sich Buscetta allerdings weigert, detailliert Auskunft zu geben.

Ein weiterer Kronzeuge aus Rache: Francesco Marino Mannoia folgt dem Beispiel Buscettas nach der Ermordung seines Bruders. Die Corleonesi dezimieren seine Familie, um die Flut der Bekenntnisse zu stoppen.

Die Existenz der *cupola* erlaubt es den Richtern ab 1986, all diejenigen schuldig zu sprechen, die an Straftaten im Zusammenhang mit den *cadaveri eccellenti* sowie den »unwichtigeren« Morden der Mafia teilgenommen haben und für die sie von

den Clans, in deren Revier die Operation stattfand, die Genehmigung einholen mussten. Im Anschluss an seine Enthüllungen wird Tommaso Buscetta an die Vereinigten Staaten ausgeliefert, die ihm eine neue Identität verschaffen und im Austausch gegen weitere Geständnisse über die amerikanische Cosa Nostra zur Freiheit auf Bewährung verhelfen. Buscetta stirbt im April 2000 in New York im Alter von 72 Jahren an einer schweren Krankheit.

Die anderen *pentiti*

Nach Buscetta entschließen sich zahlreiche weitere mehr oder weniger wichtige Mitglieder der Cosa Nostra, die Mauer des Schweigens zu brechen, etwa Francesco Marino Mannoia, dessen Mutter, Schwester und Tante einer Vergeltungsaktion zum Opfer fielen. »Haben Sie eine Ahnung, wie viel Kraft man aufbringen muss, um einen Menschen

zu erdrosseln?« Diese rhetorische Frage stellt Mannoia Richter Falcone während eines Gesprächs. »Ist Ihnen bewusst, dass das auch schon mal zehn Minuten oder länger dauern kann? Dass sich das Opfer windet, wehrt, beißt, um sich schlägt? Einige schaffen es sogar, sich aus der Schlinge zu befreien. Zum Glück werden diese Morde von Leuten ausgeführt, die sich in ihrem Metier auskennen«[12], so Mannoia, um dem Richter zu erkennen zu geben, dass die Corleonesi im Endeffekt Dilettanten sind, wenn sie mit beispielloser Grausamkeit jegliches territoriale Gleichgewicht zerstören.

1991 verabschiedet das italienische Parlament eine neue Rechtsvorschrift, die es erlaubt, all diejenigen Maßnahmen auf die organisierte Kriminalität auszudehnen, die in den 1980er-Jahren schon erfolgreich im Kampf gegen den politischen Terrorismus eingesetzt wurden. Es handelt sich um die Kronzeugenregelung (»Kronzeuge« ist der juristische Begriff für *pentito*), die unter anderem Strafminderungen für Personen, die Richtern und Ermittlern zweckdienliche Informationen liefern, sowie spezielle Schutzmaßnahmen für Kronzeugen vorsieht. Im Vergleich zum *pentito*, der als Gegenleistung für seine Geständnisse strafmildernde Umstände zugebilligt bekommt, wenn durch seine Aussage die verbrecherische Organisation, der er angehört, bekämpft werden kann, erhält der Zeuge, der keine Straftat begangen hat, jedoch Mitglied einer kriminellen Vereinigung ist, eine neue Identität und eine entsprechende wirtschaftliche Unterstützung, damit er sich aus seinem früheren Umfeld entfernen und den Vergeltungsmaßnahmen der Clans entgehen kann. So im Fall von Rita Atria, der jungen Sizilianerin, die sich

Richter Paolo Borsellino anvertraute. Sie wollte diejenigen hinter Gitter bringen, die für den Mord an ihrem Vater und ihrem Bruders verantwortlich waren. Beide waren im vom Corleonese-Clan entfesselten Mafiakrieg ums Leben gekommen. Rita Atria profitierte vom Zeugenschutzprogramm und zog nach Rom, wo sie sich am 26. Juli 1992 das Leben nahm – eine Woche nach dem Attentat an

Paolo Borsellino, der für sie schon so etwas wie ein Vater geworden war.

Ich habe Richter Giovanni Falcone umgebracht

Giovanni Brusca, geboren 1957 in San Giuseppe Jato auf Sizilien, wird von der Polizei im Mai 1996 in seinem Haus in Agrigent festgenommen, als er und seine Familie sich im Fernsehen eine Sendung zum Attentat auf Richter Falcone ansehen.

Giovanni Brusca, der nach der Verhaftung von Totò Riina die Führung des Corleonese-Clans übernommen hat, hadert mit seinem Geständnis. Als er sich schließlich doch entschließt, mit der Justiz zusammenzuarbeiten, gesteht er mehr als 150 Straftaten[13], darunter die aktive Teilnahme an

Reuige Mörder
auf Freigang:
Giovanni Brusca,
der den tödlichen
Sprengstoffanschlag
von Capaci
ausführte, war
unter anderem
Auftraggeber der
Ermordung von
Giuseppe di Matteo,
dessen Leiche er in
Säure auflösen ließ.
Im Jahr 2004 erhält
Brusca aufgrund
seiner Geständnisse
Hafterleichterung.

Botschaft der Mafia: »Unser Goldjunge Giovanni Brusca packt aus«. Aufschrift auf einer Hauswand zwischen San Cipirello und San Giuseppe Jato, in Anspielung auf eine Äußerung Bruscas Mutter, die ihn als „mein Goldjunge" bezeichnet hatte.

der Eliminierung unzähliger *cadaveri eccellenti*. Brusca brachte beispielsweise die ferngesteuerte Autobombe zur Explosion, die Richter Rocco Chinnici und seine Eskorte das Leben kostete. Außerdem beauftragte Brusca seine Männer, Giuseppe Di Matteo, den einige Monate zuvor entführten Sohn von Mafioso Santino Di Matteo, zu erwürgen und in Säure aufzulösen.

Die Entscheidung, Richter Falcone zu ermorden, wurde, so Brusca, von der Kommission schon 1982 getroffen, jedoch wurde das Attentat auf ein späteres Datum verlegt, da zuvor interne Probleme der Organisation gelöst werden mussten – mithilfe von Kalaschnikows versteht sich. Es ging darum, »ihn (Falcone) zu eliminieren und all unsere Feinde …, die vorher unsere Freunde waren und die dann zu unseren Feinden geworden sind … ich spreche hier insbesondere von Politikern … Beispielsweise von denjenigen, die all das, was speziell Falcone von ihnen forderte, erfüllten: neue Gesetze, Vorschriften, restriktive Maßnahmen«.[14] Das schon lange zuvor gefällte Todesurteil über Falcone wird im Sommer des Jahres 1992 vollzogen.

Giovanni Brusca trägt den Spitznamen »*Scanna-cristiani*«: der Mann, der Christen die Kehle durchschneidet. Im sizilianischen Dialekt ist das Wort *cristiano* gleichbedeutend mit dem Begriff *essere umano* (menschliches Wesen), der wiederum in der Sprache der Mafia synonym ist mit der Titulierung *uomo d'onore* (Ehrenmann).[15] In der Folge profitiert Brusca von der italienischen Kronzeugenregelung für *pen-*

titi von 2001. Zwar ist diese restriktiver als die Gesetzesfassung von 1991, die noch ein Recht auf Strafminderung (diese darf nicht mehr als ein Viertel des für die Straftaten festgesetzten Strafmaßes betragen) und die Zuweisung monatlicher Unterhaltsleistungen vom Staat vorsieht, aber auch die neue Vorschrift, die zu verhindern sucht, dass *pentiti* falsche Aussagen machen, nur um ein milderes Strafmaß zu erlangen, wird von einigen Vertretern der Justiz kritisiert, weil sie aussagewillige Mafiosi davon abhalten könnte, mit der Justiz zusammenzuarbeiten. In der Tat hat ein *pentito* nur maximal sechs Monate Zeit, um alles zu Protokoll zu geben, was er weiß. Häufig jedoch liegen die Begebenheiten, um die es geht, so lange zurück, dass es schwierig wird, sich an alle Einzelheiten zu erinnern. Die Vergünstigungen, von denen ein *pentito* profitieren kann, greifen erst dann, wenn die betreffenden Aussagen als wichtig angesehen werden und zu neuen Erkenntnissen beitragen, der gerichtliche Schutz läuft jedoch unabhängig von der Dauer des Verfahrens ab, wenn das Risiko von Vergeltungs- und Racheakten wegfällt. Dank dieser Bestimmungen bekommt Brusca 2004 die Genehmigung, das Gefängnis alle 45 Tage zu verlassen, um seine Familie zu besuchen. Erneut ist die öffentliche Meinung in Italien tief gespalten. Die einen sind der Meinung, dass die Kronzeugenregelung weiter verschärft werden muss. Die andere Seite hält das Gesetz zum Kampf gegen kriminelle Vereinigungen nach wie vor für unverzichtbar.

Kalkulierbares Risiko: Seit jeher ist das Glücksspiel eine einträgliche Finanzquelle der kriminellen Organisationen. Zwischen 1950 und 1960 nutzt die Cosa Nostra die Kasinos von Las Vegas, um riesige Geldsummen zu waschen.

DIE POSITION DER KATHOLISCHEN KIRCHE

Da die Reue der *pentiti* durchaus auch religiösen Charakter annehmen konnte, führte dies zur Frage nach der Haltung der katholischen Kirche. Kardinal Ernesto Ruffini, Erzbischof von Palermo, war der Erste, der sich des Themas 1964 offiziell annahm.[16] Selbst wenn sie möglicherweise den damals verfügbaren Kenntnissen entspricht, erscheint die Analyse Ruffinis zahlreichen Kommentatoren vergleichsweise unbedarft: »Auch wenn es stimmen mag, dass das Phänomen Mafia lokaler, vielleicht sogar sizilianischen Natur ist«, so der Prälat, »kann nicht abgestritten werden, dass dieses Phänomen anderswo in

Italien und auf der ganzen Welt ebenfalls auftritt und möglicherweise sogar in noch schlimmerer Ausprägung.« Einer seiner Nachfolger, Kardinal Salvatore Pappalardo, scheut sich hingegen nicht, die Mafia klar und deutlich zu verurteilen, insbesondere während seiner Predigt 1982 anlässlich der Beerdigung von General Dalla Chiesa und seiner Frau, die beide von der Mafia erschossen wurden. »Während Rom noch lang und breit diskutiert, geht Sagunto, das heißt Palermo unter«, predigt Pappalardo. Schließlich gibt es auch Geistliche, die mit einer eindeutig mafia- feindlichen Haltung ihr Leben aufs Spiel setzen,

etwa Don Giuseppe Puglisi, den man 1993 erschießt, und Don Peppino Diana, der 1994 von Schüssen der napole- tanischen Camorra nieder- gestreckt wird. Papst Johannes Paul II. nimmt anlässlich seiner Sizilien- reisen eine sehr klare Haltung ein. Auf der III. Nationalen Kirchentagung in Palermo im November 1995 ruft der Pontifex den Sizilianern in Palermo zu: »Ich kann nur wiederholen, welcher Schrei sich meinem Herzen in Agrigent im Tal der Tempel entrissen hat[17]: Du sollst nicht töten! Kein Mensch, keine menschliche Vereinigung, keine Mafia kann das Recht auf Leben ändern oder mit Füßen treten.«[18]

9 Die finanzielle Struktur der Mafia

Von prall gefüllten Geld-koffern auf der Reise von Las Vegas in die Schweiz und mafios unterwanderten Banken: die ausgeklügelten Strategien der Geldwäsche. Die Ausbreitung der kala-brischen 'Ndrangheta in Deutschland und weltweit. Der von der »Ökomafia« organisierte Handel mit Abfällen. Die neuen Mafia-reviere in Russland und Zen-tralasien. Die Mafia in »Schlips und Kragen« und ihr interna-tionales Vertriebsnetz. Das Vermögen als Achillesferse der organisierten Kriminalität.

Geldtransfer der Cosa Nostra: Von Las Vegas in die Schweiz

Seit Langem gingen Ermittler des FBI davon aus, dass die Gewinne der Mafia in Las Vegas einer Geldwäsche im großen Stil unterzogen werden und die Einnahmen geschickt am Fiskus vorbeige-schleust. Im Jahr 1965 tauchen endlich konkrete Beweise auf. Exorbitant hohe Beträge wurden aus Casinos in Nevada auf ausländische Girokonten eingezahlt.

In einem Parkhaus des Flughafens Miami wird eine Quittung gefunden, die belegt, dass ein Betrag von 350 000 US-Dollar bei einem Genfer Kredit-institut deponiert wurde.[1] Der Besitzer des Kontos ist ein in Lausanne wohnhafter kanadischer Staats-bürger. Die Ermittler stellen fest, dass es sich um einen Geschäftspartner Meyer Lanskys handelt, der früheren rechten Hand von Lucky Luciano – nun Schatzmeister der amerikanischen Mafia. Ein Kurier hatte sie verloren. Einer der vielen, die die Koffer, gefüllt mit Dollarnoten aus dem Glücks-spiel, transportieren, um sie über eine Filiale der Partnerbanken von Miami und den Bahamas ins Ausland zu bringen. Die nicht versteuerten Gewinne betragen rund eine Million US-Dollar pro Monat: ein für die damalige Zeit unvorstellbar hoher Betrag.

Die Ermittler rekonstruieren in der Folge das komplizierte finanzielle Räderwerk der Organi-sation: Ein Teil des Geldes wird direkt an die

Die Prostitution hat in den letzten Jahren einen schwindelerregen-den Zuwachs erfahren, beson-ders auf den Straßen Süd-europas. Ihr Anstieg ist auf die stetig steigenden Migrations-bewegungen aus dem Osten nach dem Zusammen-bruch des Kommunismus zurückzuführen.

Familien der Cosa Nostra verteilt, die in unterschiedlichen Teilen der Vereinigten Staaten wohnen, während der größere Teil das Land verlässt. Ende der 1960er Jahre beträgt die Summe des gewaschenen Geldes jedes Jahr mehrere Millionen US-Dollar. Nach einer »Stippvisite« im Ausland gelangt das Geld wieder in die Vereinigten Staaten und wird dort in legale Geschäftsfelder von Geschäftsleuten oder Rechtsanwälten reinvestiert, die über jeden Zweifel erhaben sind und im Namen ihres Bosses umfangreiche Immobilien in Florida, New York und Kalifornien aufkaufen. Diese Art von Investitionen bietet zahlreiche Vorteile für diejenigen, die die Spuren von Geldern illegaler Herkunft verwischen wollen. In Amerika erfolgt bei einem Immobilienkauf im Gegensatz zur europäischen Handhabung kein Eintrag im Katasteramt. Der Immobilienhandel bietet somit den besten Schutz für Operationen, die der Geldwäsche illegal erworbener Mittel dienen.

In anderen Fällen findet das Geld seinen Weg in »Finanzparadiese« wie die Schweiz oder Liechtenstein, die Kaimaninseln oder Hongkong, wo das Bankgeheimnis noch etwas zählt und die Kreditinstitute keinerlei Informationen über ihre Kundschaft weitergeben, selbst wenn wegen Steuerbetrugs oder verdächtiger Kapitalbewertungen ermittelt wird.

Italien und die USA führen als erste Länder Gesetze ein, die auf das Vermögen von kriminellen und mafiosen Organisationen abzielen. Ab 1970 erlaubt ein US-Gesetz amerikanischen Richtern die Verurteilung von Mafiabossen unabhängig von ihrer konkreten Teilnahme an einer speziellen Straftat. Auf diese Weise können sie für die gesamte Operation schuldig gesprochen werden, die zu einer kriminellen Handlung geführt hat: vom Mord bis zur Entführung, vom Drogenhandel bis zum Glücksspiel und von der Prostitution bis hin zur Steuerhinterziehung. Das Gesetz mit dem Namen »RICO« (*Racketeer Influenced and Corrupt Organizations Act*) – vielleicht in Anlehnung an den gleichnamigen Hauptdarsteller des Films »Der kleine Cäsar« (1931), in dem es um das Leben des amerikanischen Gangsterbosses Al Capone geht – sieht spezielle Maßnahmen zur Beschlagnahmung von Vermögensgegenständen, Villen und Bankkonten von Mafiosi vor, die aus strafbaren Handlungen stammen.[2] Dieses Gesetz zielt darauf ab, die Mafiabosse nicht nur festzusetzen, sondern der Mafia auch die wirtschaftliche Basis und somit die Lebensgrundlage zu entziehen. Jedoch kann auch dieses Gesetz nicht verhindern, dass die Mafia immer raffiniertere Finanzstrategien ausklügelt, um sich der Justiz zu entziehen und die Spuren ihrer Gewinne zu verwischen.

Verdeckte finanzielle Operationen: die Banken von Sindona und Calvi

In den 1980er-Jahren steht die amerikanische und sizilianische Mafia im Zentrum eines Finanzskandals, um den sich noch heute zahlreiche Geheimnisse ranken und in den diverse Geschäftsleute verwickelt sind, u. a. das IOR (Institut für die religiösen Werke), bekannter unter dem Namen Vatikanbank. Im Mittelpunkt des Skandals stehen zwei wichtige Geldgeber: Michele Sindona und Roberto Calvi, die ein tragisches Schicksal miteinander verbindet. Diese beiden Bankiers verkörpern in

Bankier Gottes: Roberto Calvi (links, mit Schnäuzer) steht zu Beginn der 1980er-Jahre im Zentrum eines aufsehenerregenden Finanzskandals. Er ist in den Zusammenbruch der Banco Ambrosiano verwickelt und der Begünstigung der Mafia und anderer Geheimorganisationen beschuldigt. Im Juni 1982 wird er in London erhängt aufgefunden.

perfekter Weise alle Eventualitäten der Verbindung zwischen Mafia und Bankenwelt. Der Mailänder Bankier Roberto Calvi hatte sich seinen Spitznamen »Bankier Gottes« infolge seiner Tätigkeit an der Spitze der Banco Ambrosiano verdient, einer der wichtigsten katholischen Banken Italiens. Nach jahrelangen Finanzoperationen im Übergangsbereich zwischen Wirtschaft und Politik stirbt Calvi unter mysteriösen Umständen: Er wird am 18. Juni 1982 erhängt unter der Blackfriars Bridge (der »Brücke der schwarzen Mönche«) in London aufgefunden, ein wahrlich unpassender Ort für eine Persönlichkeit seines Standes. In seinen Taschen finden sich Ziegelsteine und jede Menge Banknoten (ca. 15 000 US-Dollar). Die englischen Behörden kommen zu dem Schluss, dass es sich um Selbstmord handelt, aber nicht wenige italienische Justizbeamte gehen von Mord aus. Vermutlich war Calvi in Wahrheit im Endeffekt selbst über seine politisch-kriminellen Geschäfte gestolpert, in die auch sein Gegenspieler Sindona verwickelt war, der zur selben Zeit zum Opfer der Liaison zwischen organisierter Kriminalität, Politik und Hochfinanz wurde.

Der Bankier Michele Sindona, geboren 1920, unterhielt beste Kontakte zu seiner sizilianischen Heimat und pflegte privilegierte Beziehungen zu bestimmten New Yorker Familien. Dies brachte ihm den Ruf ein, ein absoluter Spezialist in Sachen Geldwäsche zu sein. Darüber hinaus ist Sindona nicht nur ein geschickter Geschäftsmann, sondern spielt auch eine wichtige Mittlerrolle gegenüber Kreisen der politischen Elite. In Italien ist seine Tätigkeit darauf ausgerichtet, die Kontakte zwischen der Cosa Nostra und gewissen Vertretern

staatlicher Behörden und der Freimaurerloge zu fördern. Diese sind daran interessiert, den Einfluss der Mafia auf die Wahlen gegen die kommunistische Bewegung zu nutzen – einmal ganz abgesehen von einer Beteiligung an den ungeheuren Finanzerlösen aus Drogen- und Waffenhandel.[3] Ende der 1970er-Jahre meldet die Bank Sindonas, die New Yorker Franklin Bank, Insolvenz an. Sindonas mafiose Gegenspieler fordern von ihm nun die Rückgabe immenser Beträge, die sie ihm seinerzeit anvertraut hatten. Daneben gerät der Finanzier auch mit der amerikanischen Justiz in Konflikt, die ihn wegen betrügerischen Konkurses verurteilt. Sindona entschließt sich daher, eine Entführung zu inszenieren, um illegal nach Sizilien zurückzureisen und Geld in Empfang zu nehmen, das er seinen Gläubigern schuldet. Aber der Coup schlägt fehl. Der Bankier wird verhaftet, nach Italien ausgeliefert und 1984 wegen des Auftrags zum Mord an Giorgio Ambrosoli, dem Konkursverwalter seiner Banken, zu lebenslanger Haft verurteilt. Möglicherweise weiß Sindona zu viel, mit Sicherheit jedoch wird er seinen Geschäftspartnern unbequem. Am 22. März 1986 stirbt Sindona im lombardischen Gefängnis von Voghera an einer Prise Zyankali im Kaffee.

Der Tod der beiden Bankiers führt zu weiteren Ermittlungen, die noch weit mehr Verflechtungen zwischen Mafia und Hochfinanz ans Licht bringen. Von nun an wird die wirtschaftliche Macht der Mafia auf eine harte Probe gestellt, vor allem dank der Untersuchungen des Antimafia-Pools und der unermüdlichen Ermittlungsarbeit von Richtern wie Falcone und Borsellino. Allerdings führt dieser mehr als 20 Jahre andauernde

Kampf gegen die Cosa Nostra dazu, dass andere kriminelle Organisationen aus dem Blickfeld geraten. Hierbei handelt es sich um weniger bekannte, jedoch nicht minder verbrecherische Machenschaften anderer mafioser Clans: so profitiert beispielsweise die kalabrische 'Ndrangheta [4] von dem Vakuum, das die Ermittlungen in Sizilien hinterlassen.

Die neue internationale Macht der kalabrischen 'Ndrangheta

Ähnlich wie bei der Cosa Nostra haben sich die kriminellen Mechanismen der 'Ndrangheta im Laufe der Zeit ganz allmählich entwickelt und verfeinert. Es gelang der Organisation stetig ihre Macht auszubauen – und dies dank zweier besonderer Merkmale: Zum einen beruht die Organisation der kalabrischen Mafia auf Verwandtschaftsbeziehungen und Blutsbande und ist daher sehr schwer zu infiltrieren, zum anderen ist Kalabrien ein bergiges Gebiet, für Unkundige der Umgebung praktisch unzugänglich. Ihr Spezialgebiet zunächst: systematische Personenentführung. Über lange Zeit hinweg werden ihre Opfer in unerreichbaren Gebieten versteckt, wobei die Mafiosi durchaus mit der Unterstützung der Bevölkerung gegenüber Polizei und Carabinieri rechnen können.

Besonders der Fall des Cesare Casella in den 1980er-Jahren erregte das öffentliches Aufsehen und lenkte das Interesse der Behörden auf die kriminelle Entführungspraxis der 'Ndrangheta, was die Machenschaften der Organisation vorübergehend bremste. Der junge Mann verschwindet mit 18 Jahren am 18. Januar 1988 in der norditalieni-

schen Stadt Pavia. Im August des darauffolgenden Jahres zahlt die Familie an die Entführer ein Lösegeld in Höhe von einer Milliarde Lire (ca. 500 000 Euro). Die 'Ndrangheta entscheidet aber, Casella erst am 30. Januar 1990, nach 743 Tagen Gefangenschaft, im kalabrischen Natile di Careri wieder freizulassen. Vermutlich hatte der Clan die Absicht verfolgt, die Entführung fortzusetzen, um noch mehr Geld zu erpressen. Die Mutter des Entführten aber lenkte mit ihren öffentlichen Protestaktionen so viel Aufmerksamkeit auf den Clan, dass er sich gezwungen sah, ihn freizulassen.

Die Frau hatte sich aus Protest in Kirchen angekettet, auf öffentlichen Plätzen von Aspromonte für die Freilassung ihres Sohnes protestiert und ein entschlosseneres Auftreten der staatlichen Stellen gefordert. Wochenlang erschien Angela Casella auf den Titelseiten italienischer Zeitungen – mit Erfolg. Wenig später verabschiedete das italienische Parlament ein Gesetz, das es der italienischen Justiz erlaubte, Familienvermögen von Entführungsopfern zu sperren, um Lösegeldzahlungen zu unterbinden und Entführungen letztlich zu vereiteln. Die 'Ndrangheta hatte verstanden, dass der Wind nun von woanders weht. Ab 1990 verlegt sich die Organisation daher vorzugsweise auf Geschäftsfelder wie den Verkauf von Waffen und Preziosen, die Erlangung einträglicher öffentlicher Aufträge durch Korruption (Bau von Kraftwerken, Flughäfen und Telekommunikationsinfrastrukturen, nicht genehmigter Häuser und Wohnanlagen in renommierten Badeorten) und nicht zuletzt den Drogenhandel im großen Stil. [5] Die 'Ndrangheta hat die europäische Einigung und den Wegfall der Grenzen innerhalb der EU geschickt genutzt, um

743 giorni lontano da casa (743 Tage fern von Zuhause): Cesare Casella, Opfer einer der längsten Entführungen in der Geschichte des Organisierten Verbrechens in Italien. Er schrieb seine Erfahrungen als Gefangener der 'Ndrangheta nieder.

ihren Aktionsradius auf andere Mitgliedstaaten der Europäischen Union, beispielsweise Deutschland, auszuweiten. Die 'Ndrangheta zählt mittlerweile zu einer der mächtigsten Mafiaorganisationen international. Ihr Netzwerk spannt sich über 14 Länder und vier Kontinente.

Ein exportfähiges Wirtschaftsmodell

Wie die sizilianische Mafia verfügt die 'Ndrangheta über clevere Finanzstrategen und bedient sich mühelos auch der neuesten Technologie. Die Drogengeschäfte werden mit dem Laptop abgewickelt, der auch dazu genutzt werden, per Mausklick enorme Beträge von einem Ort ans andere Ende der Welt zu transferieren. Um abhörsicher zu telefonieren, benutzen die kalabrischen Bosse Telefonanlagen, deren eingehende und ausgehende Nummern kodiert werden. Aber vor allem ist die 'Ndrangheta extrem anpassungsfähig an ihr jeweiliges wirtschaftliches und soziales Umfeld, von dem sie profitieren will. Die kalabrischen Clans werden beispielsweise verdächtigt, die Einkünfte ihrer illegalen Transaktionen in Norditalien und Rom der Geldwäsche zu unterziehen, indem

sie Strohmänner einsetzen, um von der High Society oder vielen Touristen frequentierte Lokalitäten und Standorte zu erwerben.

Jüngste Ereignisse machen deutlich, wie groß die Macht und der Aktionsradius dieser Organisationen im Bereich der Geldwäsche mittlerweile sind. Am 29. September 2009 halten Beamte der italienischen Finanzpolizei in Kalabrien ein Fahrzeug mit hoher PS-Zahl im Rahmen ihrer normalen Kontrolltätigkeiten an und stoßen auf einen kleinen Koffer mit Bankunterlagen und einen Depotschein im Gegenwert von 870 Millionen US-Dollar. Das im Jahr 1961 von einem Schweizer Bankinstitut ausgestellte Wertpapier ist auf einen gewissen Herrn Sukarno ausgestellt, den früheren Präsidenten von Indonesien. Der Diktator, der von 1945 bis 1967 an der Macht war, starb 1970. Danach führte sein Sohn die international verflochtenen Geschäfte seines Vaters weiter. Die Ermittler nehmen an, dass der auf Sukarno senior ausgestellte und in die Hände der kalabrischen Mafia gefallene Depotschein möglicherweise gerade auf der Reise war, um jenseits der italienischen Grenze eingelöst zu werden. Dies ist ein eindeutiger Beweis für die direkten Verbindungen zwischen dem Big Business und der Fähigkeit der Clans, »schmutziges Geld« zu waschen, speziell solches, das aus dem Drogen- und Waffenhandel stammt. Anderenorts nehmen die Finanzierungsgeschäfte der 'Ndrangheta traditionellere Formen an. In Deutschland hat der Clan beispielsweise ein Netzwerk von 300 Pizzerien aufgebaut und nutzt diese als operative Basis für ihre illegalen Geschäfte im Bereich des Kokainhandels. Nach Einschätzung des deutschen Geheimdienstes ist es der Organisation gelungen, mehrere Millionen

Euro in den Kauf von in Ostdeutschland gelegenen Hotel- und Restaurantketten zu investieren. Die kalabrischen Bosse können sich auf diese Weise unauffällig ins Ausland begeben, wo sie mehr Bewegungsspielraum haben und bestimmte rechtliche Hindernisse umgehen können, die ihre Aktivitäten in Italien gefährden würden. In Deutschland gilt eine eingeschränkte Abhörpraxis. Zudem lässt sich die Geldwäsche einfacher bewerkstelligen, da nach deutschem Recht ein Unternehmer nicht nachweisen muss, woher das betreffende Geld stammt, das dieser in ein Geschäft zu investieren gedenkt. Außerdem existiert kein Gesetz, nach dem allein die Zugehörigkeit zu einer mafiosen Vereinigung strafbar ist. Die deutschen Strafverfolgungsbehörden können nur bei Vorliegen von Beweisen für konkrete Straftaten aktiv werden, ganz zu schweigen davon, dass das Vermögen eines mutmaßlichen Mafiabosses nicht vorbeugend beschlagnahmt werden kann.[6]

Die neapolitanische Camorra und die Ära der Öko-Mafia

Auch die neapolitanische Camorra entwickelt ihre kriminellen Aktivitäten seit Kurzem mit besonderem Nachdruck. Ihr Boss, Raffaele Cutolo, ist der Erste, der versucht, der Camorra eine Struktur zu geben und ihre unzähligen Clans zu organisieren, um die wirtschaftliche Macht der Camorra zu stärken. 1970 gründete Cutolo die *Nuova Camorra Organizzata* (Neue Organisierte Camorra), entwirft ihr Statut und die Regeln für die Einführung und Rekrutierung neuer Mitglieder. Dabei greift er auf die Formeln der *Bella Società Riformata* (die schöne reformierte Gesellschaft) zurück, aus der die Camorra

Linke Seite:
Charismatischer Anführer: In den 1970er-Jahren baut Mafia-Boss Raffaele Cutolo die neapolitanische Camorra zu einer Industrie des Verbrechens um. Er vereinigt die Clans unter seinem Kommando, schließt Bündnisse mit der kalabrischen 'Ndrangheta und führt ihre Initiationsrituale ein. Zur Finanzierung der Organisation erhebt er sogar eine »Steuer« auf die illegale Einfuhr von Zigaretten.

hervorging. Auch wenn es Cutolo nicht gelingen sollte, eine einheitliche, der Cosa Nostra ähnliche Organisationsstruktur aufzubauen, so leitet er deren illegale Tätigkeiten mit nicht minderem Erfolg: Drogen- und Waffenhandel, Personenentführungen, Erpressung, Warendiebstahl und Zigarettenschmuggel. Die illegale Versorgung der Tabakgeschäfte ist den *scafisti* (Schleusern) anvertraut. Des Nachts unternehmen die Camorra-Schmuggler mit ihren Booten Ausflüge zu den haushohen Überseefrachtern, die vor der Küste ankern. Die Boote sind blau angestrichen, um sie vor den Posten der Küstenwache zu verbergen.

In den letzten Jahren verlagerte die Camorra jedoch ihre Aktivitäten eher in die Provinz Caserta, genauer gesagt nach Casal die Principe, der Heimat eines Clans der Casalesi.

Im Herzen der Provinz hat sich ein richtiggehendes »Niemandsland« gebildet, in dem sich die örtlichen Clans erbitterte Kämpfe liefern und Schießereien und Massaker auch am helllichten Tag auf offener Straße ausgefochten werden. Gleichzeitig werden am runden Tisch in Schlips und Kragen neue, unverdächtige Wege der Geld-

Rechte Seite:
Drogenhandel: Die italienische Polizei beschlagnahmt Rauschgift, das, von Südamerika und der Türkei kommend, für den europäischen Markt bestimmt ist.

Zigarettenschmuggel unter dem Monopol der neapolitanischen Camorra. Mittlerweile wird dieser Geschäftszweig von albanischen Clans in enger Zusammenarbeit mit der apulischen Sacra Corona Unita organisiert.

Neue Organisierte Camorra (NCO): Raffaele Cutolo plante eine neue pyramidenförmige Struktur. Nachdem ihm mehrfach der Prozess gemacht worden war, spielt er den Wahnsinnigen, um seine Schuldfähigkeit zu mindern und geringere Haftstrafen zu erhalten. Er wurde zu 4-mal lebenslänglich verurteilt. Im Jahr 2007 wird er dank künstlicher Befruchtung nochmals Vater.

wäsche ausgetüftelt. Diese gewissenlosen Mörder sind auch Kaufleute, in der Lage, extreme Summen in Landwirtschaftsbetriebe in Umbrien, in Hotels in der Toscana oder in Nachtlokale in der Emilia Romagna zu investieren; dies beweisen die zahlreichen Beschlagnahmungen seitens der italienischen Ordnungskräfte. Die Interessen der Mafia haben sich ganz allmählich auch im Norden Italiens auf den Immobiliensektor und auf Supermarktketten ausgedehnt und sind mittlerweile dabei, den Tempel der italienischen Hochfinanz, wie die Mailänder Börse an der Piazza Affari, zu erobern.[7]

Der illegale Handel mit Abfällen

Der Handel mit Abfällen ist eine Methode, die die neapolitanische Camorra und der Clan der Casalesi ursprünglich ausgeklügelt haben, um illegal erwirtschaftetes Geld in den legalen Finanz- und Wirtschaftskreislauf einzuschleusen. Die Geldwäsche ist jedoch heute eher zur Nebensache geworden. Seit Ende der 1980er-Jahre erwirtschaften die Clans mit der Abfallentsorgung horrende Gewinne. Vor allem in Kampanien, einer Region, die unter alarmierenden Umweltproblemen leidet, spricht man seit langem vom Begriff der »Ökomafia«. Der Camorra gelang es mit Unterstützung korrupter örtlicher Verwaltungen, das System der Hausmüllentsorgung vollständig unter ihre Kontrolle zu bekommen. Die Clans besitzen in ihrer Region hunderte von genehmigten oder illegalen Mülldeponien, zu denen die Abfälle abtransportiert und dann ohne jegliche Rücksicht auf Umwelt- und Gesundheitsschutz entsorgt werden – mit dem Ziel den größtmöglichen wirtschaftlichen Gewinne zu erzielen. Die Casalesi haben zahlreiche Betriebe aufgekauft, die für die Entsorgung von Industrieabfällen zuständig sind. Auf-

Der Aufstieg der Casalesi: Nach Cutolo organisieren andere Clans, wie die der Catalesi, illegale Aktivitäten in Kampanien. Untersuchungsergebnisse deuten darauf hin, dass sie diese auch auf andere Regionen Italiens ausgeweitet haben.

Das Gift aus den Abfällen einer illegalen Müllhalde verseucht die Anbaugebiete und verunreinigt das Grundwasser.

wendige und kostspielige Verfahren, die für die Beseitigung oder Verwertung bestimmter Materialien vonnöten sind, werden von den kriminellen Organisationen missachtet. Umweltverbände haben festgestellt, dass das Phänomen des illegalen Giftmüllhandels der Ökomafia im letzten Jahrzehnt schon rund 132 Milliarden Euro eingebracht hat. Die Clans lassen sich die Entsorgung giftiger Abfälle von der Industrie teuer bezahlen. Danach entsorgen sie den gefährlichen Müll in eigenen Deponien als Hausmüll oder schicken ihn auf den Weg zu angeblichen Wiederaufarbeitungsanlagen des »Freundes eines Freundes«. Auf diese Weise werden Giftmüllfässer nach dem Motto »je weniger Kosten, desto mehr Gewinn« irgendwo unbehandelt vergraben. Der Inhaber der Abfallentsorgungsanlage erhält proportional zur Menge des zu behandelnden Mülls staatliche und private Mittel. Je mehr Abfall und je illegaler der Abfall

entsorgt wird, desto einträglicher sind die Gewinne.

Die Camorra hat darüber hinaus das sogenannte *pizzo* für korrumpierte Polizisten oder Verwaltungsbeamten eingeführt, nach dem das Bestechungsgeld je nach Abfallmenge bzw. Umfang des Konzessionsvertrags für den betreffenden Clan bemessen ist.

Das Ökomafia-Phänomen hat sich mit ähnlichen Mechanismen auch im Herrschaftsgebiet der kalabrischen 'Ndrangheta verbreitet. Im Fall der 'Ndrangheta sind es häufig die Industriebetriebe selbst, die den Clans Zehntausende von Kubikmetern mit Blei, Kohlenwasserstoffen und Chrom verseuchten Müll anvertrauen, um auf diese Weise erheblich geringere Tarife zu bezahlen als für eine reguläre Abfallentsorgung. Mit dem Einverständnis der Grundeigentümer wird der Müll vergraben oder per Schiff ins Ausland transportiert. Die aus Asien stammenden Schiffe

löschen zunächst ihre Ladung, Tausende von Tonnen illegaler Waren (Taschen, Spielzeug, Schuhe, Kleidung usw.), die beispielsweise für italienische Modeboutiquen bestimmt ist, anschließend werden die Schiffscontainern mit Fässern kontaminierten Abfalls beladen. Giftmüll

wird gegen illegale Waren getauscht. Auf diese Weise kann zum Preis eines Transports zweimal abkassiert werden. 2009 wurde gegen diese Art des illegalen Handels ermittelt, was zu der aufsehenerregenden Entdeckung führte, dass ein Geschäft ungeahnten Ausmaßes zwischen der kalabrischen 'Ndrangheta und der chinesischer Mafia im Mittelmeerhafen von Gioia Tauro in der Provinz Reggio Calabria stattfindet.[8] Nach diesen Erkenntnissen löschen die Schiffe ihre illegalen Waren, die unverzollt in die Europäische Union eingeführt werden, in Gioia Tauro und brechen danach voll beladen mit Giftstoffen aller Art wieder in ihre ferne Heimat auf.[9]

Von Italien nach Russland, Mafia in Schlips und Kragen

Laut dem italienischen Institut für wirtschaftliche und soziale Studien erwirtschafteten die kriminellen Organisationen im Jahr 2008 einen Umsatz von mehr als 100 Milliarden Euro, und das allein auf dem italienischen Markt. Ihr Einfluss auf die Wirtschaft und Gesellschaft im Süden Italiens nimmt jedoch noch weiter zu.[10] Die Erträge fließen aus den unerschöpflichen Quellen des Drogenhandels, der Prostitution, des Zigarettenschmuggels, der Produktfälschung und der Fälschung von Banknoten, aber auch aus dem Waffenhandel, aus öffentlichen Aufträgen oder auch der Kontrolle über illegale Einwanderungsströme aus Nordafrika, die an italienischen Küsten landen sowie aus Erpressung und Schutzgelderpressung. Nach der weltweiten Krise an den Finanzmärkten 2008 waren Zehntausende Unternehmer gezwungen, an die Türen der

Oben:
Umweltnotstand in Nola (Kampanien): giftige Abfälle unter der Schnellstraße nach Villa Literno. Im Jahr 2008 beauftragten die italienischen Behörden das Militär, den Müllnotstand zu bekämpfen und wieder für Normalität zu sorgen.

Unten:
Telefonüberwachung: Durch die Ermittlungen von Justiz und Polizei werden die kriminellen Verbindungen zwischen der süditalienischen Ökomafia und anderen international tätigen kriminellen Organisationen aufgedeckt, ein Thema, das in Italien für Schlagzeilen sorgt.

Links:
Illegale Geschäfte florieren im Dunstkreis von Nachtclubs und Pornografie.

Rechts:
Die Guardia di Finanza zerstört gefälschte Markenprodukte in einer Müllverbrennungsanlage am nordwestlichen Stadtrand Mailands (oben). Labor einer Spezialeinheit der Carabinieri im Kampf gegen die Geldfälschung (unten).

Mafiosi anzuklopfen. Dies galt auch für den Norden Italiens, eine Region, die bis dahin von diesem kriminellen Phänomen ausgespart geblieben war.[11] Das Problem weitet sich immer mehr zu einem weltweiten Phänomen aus. Das organisierte Verbrechen hat die tiefgreifenden geopolitischen Veränderungen in den letzten zwanzig Jahren zu ihrem Vorteil genutzt, um ihre Fangarme sogar bis in die Länder des früheren Ostblocks auszustrecken. Im Februar 1993 kaufen ein sizilianischer und ein amerikanischer Mafioso in einem kleinen Dorf im Ural die internationale Bank Südrusslands für eine riesige Summe auf. Zufällig ist dieses Kreditinstitut auch gleichzeitig der größte Geldgeber eines militärisch-industriellen Komplexes, der die russische Armee mit militärischer Ausrüstung beliefert. Die Verbreitung der elektronischen Netzwerke hat den Transfer und die Verschleierung von Geldern illegaler Herkunft erheblich vereinfacht. Der Kampf der Behörden gegen die Mafia ist wahrhaftig keine leichte Aufgabe. Sie treten gegen eine Armee von Mafiosi in Anzug und Nadelstreifen an, die in Luxuskarossen reisen, Linienflüge in der ersten Klasse buchen oder gar mit ihren Privatjets unterwegs sind und die alle erdenklichen Mittel ersinnen, um ihr Vermögen weiter zu mehren.[12] Die Nachkommen der Padrini der letzten Generation haben Jura studiert und sind Geschäftsexperten in der Planung von Finanzoperationen der komplexesten Art.

Drogenhandel und Waffenschmuggel: Kriegswirtschaft in Zentralasien

Der Jahresbericht 2008 des UNODC (Büro der Vereinten Nationen für Drogen- und Verbrechensbekämpfung) hat eine enge Verbindung zwischen dem Opium- und Waffenmarkt in Afghanistan festgestellt. Das Land gilt weltweit als der Hauptproduzent von Rohopium, der Grundlage zur Herstellung von Heroin. Vor 2009 nahm die Fläche zur Kultivierung von Schlafmohn in Afghanistan etwa 157 000 Hektar ein, mit dessen Erträgen ein Erlös zwischen 100 und 400 Millionen US-Dollar erwirtschaftet wurde. Inzwischen ist die flächenmäßige Nutzung für den Anbau von Schlafmohn um rund 20 Prozent zurückgegangen. Die Reduktion der Opiumproduktion lässt sich zwar mit einem Programm zur Neubelebung der Landwirtschaft erklären, das den Bauern einen Anreiz für alternative Anbauprodukte bietet, jedoch wirft der gleichzeitige Preisanstieg auf dem Waffenmarkt Fragen auf. Das UNODC nimmt an, dass diese Entwicklung einer ganz bewussten Strategie einer mafiosen Vereinigung zuzuschreiben ist. Da Afghanistan seit 2004 viel mehr Opium produziert, als auf dieser Welt insgesamt konsumiert werden kann, führt dies konsequenterweise zu einem Preisverfall des Heroins. Die örtlichen Clans, so die Mutmaßung, hätten daher beschlossen, die Produktion zu senken, um das Verhältnis zwischen Angebot und Nachfrage wieder ins Lot zu bringen. Die geringeren Einnahmen beim Drogenhandel seien schließlich durch die Verdopplung des Preises für Kalaschnikows kompensiert worden, die in diesen Gebieten für ca. 600 US-Dollar pro Stück zu haben sind. Mag sein, dass diese beiden Entwicklungen zufällig aufeinandertreffen und in keiner direkten Ursache-Wirkungs-Beziehung zueinander stehen. Dennoch ist es alles andere als abwegig, sich diese Frage zu stellen, denn die kriminellen Organisationen werden mittlerweile von richtiggehenden Wirtschaftsmanagern geführt, die an den berühmtesten Wirtschaftshochschulen dieser Welt ihre Ausbildung genossen haben.

Die Zurückeroberung konfiszierten Vermögens

Der Kampf gegen das organisierte Verbrechen führte in Italien in den letzten Jahren zur Festnahme zahlreicher Mafiosi und zu einem Anstieg der Beschlagnahmung illegal erworbenen Vermögens (11,3 Milliarden Euro zwischen April 2008 und Mai 2010[13]). Um aber zu gewährleisten, dass eine Ausgangsbasis für eine legale Tätigkeit erhalten bleibt, gelangt nur ein Teil des beschlagnahmten Eigentums in den Besitz von Genossenschaften, Verbänden, Gemeinden, Provinzen oder Regionen, die das Kapital für gemeinnützige Tätigkeiten, neue Arbeitsplätze und öffentliche Dienste wiederverwerten. Ein großer Teil des Mafia-Besitzes bleibt durch sehr komplizierte Zuteilungsverfahren mit dem Risiko behaftet, dass die Immobilien nach einiger Zeit mittels Strohmännern und Helfershelfern erneut in die Hände der Mafiabosse gelangen. Die italienische Regierung hat deshalb Anfang 2010 entschieden, eine neue Verwaltungseinheit zu bilden: Nach dem Modell des *United States Marshals Service*, der US-amerikanischen Bundesbehörde, die mit der Verwaltung sichergestellter, illegaler Vermögenswerte betraut ist und beschlagnahmtes Vermögen im Interesse aller Steuerzahler unverzüglich am Markt verkaufen kann[14], soll diese neue italienische Spezialeinheit das von der Mafia konfiszierte Vermögen verwalten.

Mohnanbau im Mittleren Osten: Internationale Organisationen für Entwicklungszusammenarbeit haben verschiedene Programme zur Umwandlung von Opiumanbauflächen in Ackerland gestartet.

10 Die internationalen Mafias: von der japanischen Yakuza zur Russenmafia und den Triaden Chinas

Die Cosa Nostra und die führenden kriminellen Vereinigungen Italiens sind die mächtigsten Mafias der Welt. Darüber hinaus treten seit langem Organisationen in Erscheinung, die mit der sizilianisch-amerikanischen Mafia vergleichbar sind. Von der japanischen Yakuza, über die Triaden Chinas bis zur russischen organizatsya – die Arme des Kraken haben eine weltumspannende Dimension angenommen.

Die Mafia wird global

Das Besondere an der sizilianischen Mafia und der amerikanischen Cosa Nostra ist ihre pyramidenförmige Organisation. Die Clans werden von einer Koordinationskommission vertreten, in welcher die Bosse die Aufteilung der Gebiete und der illegalen Geschäfte unter den verschiedenen Familien beschließen. Das mafiose Modell unterscheidet sich darüber hinaus von anderen kriminellen Organisationen durch seine Fähigkeit, staatliche Institutionen zu infiltrieren und bis in die Spitzen der Politik vorzudringen. Heutzutage funktionieren mehrere kriminelle Organisationen nach diesem System und lenken immer größere Ströme von Schattenkapital. Aussagen der Weltbank und des Internationalen Währungsfonds' zufolge soll der Gesamtwert dieser Schattenwirtschaft bereits zu Beginn dieses Jahrhunderts etwa 20-25 Prozent des weltweiten Bruttoinlandsproduktes betragen haben.[1] Dabei sind die Zahlen teilweise direkt auf

Antike Dynastien: Viele mafiose Organisationen verweben ihre kriminellen Ursprünge mit Mythen und Legenden, so auch die japanische Mafia. Die Vorfahren der Yakuza sollen jene Samurai der letzten und größten Dynastie der Shogun gewesen sein und Soldaten im historischen Tokio (17.-19. Jahrhundert).

die Mafia zurückzuführen, teilweise auch auf jene legalen Geschäfte, die durch Gelder illegaler Provenienz finanziert werden. Die kriminellen Organisationen mafiosen Typs sind nahezu weltweit präsent, auch wenn ihre Bedeutung von Land zu Land unterschiedlich ist. Erstellt man für jedes Land, welches maßgeblich von der Präsenz des organisierten Verbrechens beeinflusst ist, eine Gleichung, in der die Finanzkraft der verschiedenen Organisationen ins Verhältnis zur Bevölkerungszahl gesetzt ist, so stehen die italienischen Mafias eindeutig auf dem ersten Platz der Rangliste. Einem vom *Global Agenda Council on Illicit Trade* im Auftrag des *World Economic Forums* erstellten Bericht zufolge erwirtschaften Cosa Nostra, 'Ndrangheta und Camorra in Italien insgesamt einen Umsatz von circa 112 Milliarden US-Dollar pro Jahr bei etwa 60 Millionen Einwohnern, während die amerikanische Kriminalität einen Umsatz von 311 Milliarden US-Dollar bei 300 Millionen Einwohnern verzeichnet. Auf den unmittelbar darauffolgenden Plätzen befinden sich die japanische (84 Milliarden US-Dollar bei 127 Millionen Einwohnern) sowie die chinesische Mafia (83 Milliarden US-Dollar bei über einer Milliarde Einwohnern). Die letzten Plätze in dieser besonderen Rangliste besetzen Mexiko (44 Milliarden US-Dollar bei fast 110 Millionen Einwohnern) und Deutschland (34 Milliarden US-Dollar bei einer Bevölkerung von knapp 82 Millionen Einwohnern).[2]

Yakuza: Als die Samurai die Waffen niederlegten

Zu den kriminellen Organisationen, denen es gelungen ist einen »Platz an der Sonne« in den

hohen Sphären der Politik zu erobern, gehört unstrittig die japanische Yakuza. Der Name ihrer Mitglieder, die Yakuza, beruht höchstwahrscheinlich auf einer Dreier-Zahlenfolge (8, 9 und 3), der niedrigsten Punktzahl im japanischen Kartenspiel *l'Oicho-Kabu*. Das Kartenspiel stellte zunächst auch eine der ersten Branchen dar, auf die sich die illegalen Interessen der Mafia im Land der aufgehenden Sonne richteten. Der italienischen *cosca* entspricht die japanische *bôryokudan*: Unter dieser Bezeichnung versteht man eine gewalttätige Gruppe, auch »Verbrechersyndikat«.[3] Wie bei der Mafia und der sizilianisch-amerikanischen Cosa

Drucke und zeitgenössische Fresken zeigen, dass das Katana, das mindestens 60cm lange Schwert, der Kriegerklasse der Samurai vorbehalten, ab dem 17. Jahrhundert auch zum Lösen privater Konflikte verwendet wurde. Man hielt die Waffe in beiden Händen mit nach oben gerichteter Schneide. Dies symbolisierte Macht, Ehre und Zugehörigkeit zur gehobenen Gesellschaftsschicht.

Nostra sind die Ursprünge der japanischen Yakuza von Mythen umrankt: Ihre Ursprünge sollen auf das 17. Jahrhundert zurückgehen, einer Zeit tief greifender politischer Instabilität, in der zahlreiche Samurai aufgrund ständiger nationaler Kriege und der Auflösung etablierter Machtstrukturen an den Rand der Gesellschaft gedrängt worden waren. Diese verarmten Angehörigen des Kriegeradels schlossen sich daraufhin in raubritterähnlichen Gruppen zusammen. Sie sollten die Vorläufer jenes kriminellen Systems werden, aus dem sich die Yakuza formierte. Anderen Quellen zufolge sollen die Yakuza die Nachkommen der *machi-yakko*

sein, jener Banden, die sich überall der Schwachen und Unterdrückten annahmen, sich jedoch auch illegalen Geschäften widmeten. Diese Gruppierungen verbanden sich im 18. Jahrhundert zu immer größeren und mächtigeren Vereinigungen. Erpressung und Glücksspiel dienten ihnen als Einnahmequellen. Ihre Bedeutung wuchs derart, dass die Regierung sie zur Unterdrückung von Volksaufständen einsetzte und ihnen im Gegenzug Immunität und Schutz versprach. Ende des 19. Jahrhunderts besetzten die Yakuza wichtige Posten innerhalb der japanischen Institutionen und Machtzentren und konnten auf diese Weise

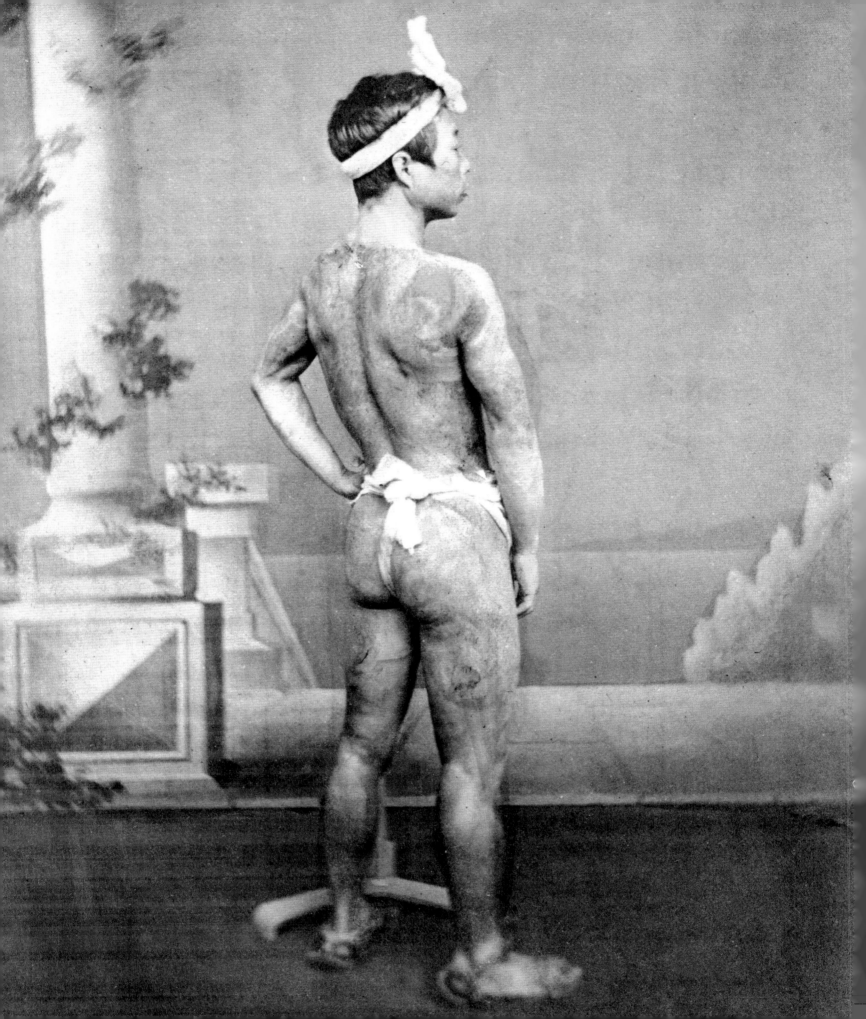

auch die Welt der Politik unterwandern. So wurden ihnen als Gegenleistungen für die Einschüchterung gegnerischer Parteien profitable Geschäftsoptionen eingeräumt. Nach dem Zweiten Weltkrieg schmälerte die Besatzung der Alliierten vorübergehend ihre Bedeutung, doch die Yakuza verstand es sehr schnell, sich der veränderten Situation anzupassen. So erhielt sie die Kontrolle über die Vergabe von Bauaufträgen für den Wiederaufbau der Nachkriegszeit. Dafür musste sie die öffentliche Ordnung in den von ihren Banden kontrollierten Bereichen aufrechterhalten. Die Profite der japanischen Mafia und ihre Macht innerhalb der japanischen Gesellschaft erlitten keinen Abbruch. Im Jahre 1992 erließ die japanische Regierung ein Gesetz, das alle Vereinigungen als illegal deklarierte, die zur Verfolgung der eigenen Ziele auf Einschüchterung und Gewalt zurückgriffen. Trotz der Verhaftung zahlreicher Vertreter der Organisation gelang es den Clans, das Netz an Allianzen noch enger zu knüpfen und ihre Geschäfte mit Prostitution und Schutzgelderpressung ebenso fortzusetzen wie mit dem bekanntesten japanischen Glücksspiel, dem *Pachinko*, das an slotähnlichen Automaten gespielt wird. Die starke territoriale Verwurzelung der Yakuza und ihr von Mythen umrankter Ursprung trugen dazu bei, dass die Organisation eine Art Autorität in der Bevölkerung erlangte, trotz Hunderter Morde, die ihr zugeschrieben werden. Die Paten der japanischen Mafia bewegen sich in Luxusautos, zeigen ihr Gesicht und präsentieren als Zeichen der Zugehörigkeit zur Yakuza ihre vielfarbigen und großflächigen Tätowierungen. Selbst in der Finanzwelt und im Bereich der Immobilienspekulation hat sich

die Yakuza ihren Platz gesichert. Ihre vielfältigen illegalen Geschäfte verfolgt sie mittlerweile auch in anderen asiatischen Ländern wie den Philippinen, Indonesien, Südkorea, China und der Mongolei. In den USA gelang es ihr, ihre Vernetzung unter den nach 1945 eingewanderten japanischen Gemeinden weiter auszubauen.

Die Entwicklung der mafiosen Kriminalität in Russland

Auch die russische Mafia rühmt sich lange zurückliegender Ursprünge, welche auf die Epoche der Zaren vor der Revolution von 1917 zurückgehen: Die auf bewaffneten Raubüberfall und Erpressungen spezialisierte Organisation hieß *vory v zakone*, was wörtlich übersetzt »Dieb im Gesetz« oder freier eine Art »Gentleman-Dieb« bedeutet. Im Kampf gegen die Herrschaft der Romanows verbündet sich diese Mafia mit den Bolschewiki.[4]

Während des kommunistischen Systems überlebt die russische Mafia im Untergrund, um nach dem Untergang der Sowjetunion wieder eine her-

ausragende Rolle zu spielen. Den Oligarchen, die heute die russische Mafia (*organizatsya*, russisch: »die Organisation«, auch *mafya*) beherrschen, gelingt es dank der ihnen von verschiedenen Seiten zuteilgewordenen Unterstützung und ihrer militärischen Einschüchterungsmacht, immer größere Bereiche der Wirtschaft zu erobern. Diese war nach dem Untergang des Systems in Windeseile von der öffentlichen Hand in ein freies Unternehmertum kapitalistischer Prägung und Privatbesitz übergegangen. Industrielle und Bauunternehmer steigen nun auf den Zug der Veränderungen und reißen sich zu lächerlichen Preisen Produktionsanlagen, Förderungsgenehmigungen und gigantische Bauflächen in den wichtigsten Städten des Landes unter den Nagel. Einige dieser Unternehmer stehen in Verbindung mit der Mafia, der es durch sie gelingt, ihren Aktionsradius in legale Wirtschaftsbereiche auszuweiten. Gleichzeitig jedoch baut die Mafia neue kriminelle Geschäfte auf, wie zum Beispiel den Drogen- und Waffenhandel, für den sie sich aus den unermesslichen Arsenalen der ehemaligen UdSSR bedienen kann. Darüber hinaus konzentriert sich die *organizatsya* auf Investitionen ausländischer Finanzpartner in Russland. In diesem, von westlichen Investoren besonders zu Beginn als instabil, unsicher und gefährlich erachteten System erweist sich die russische *mafya* dank ihrer mächtigen Struktur

als Garant für den von ausländischen wie von inländischen Firmen nachgefragten Schutz. In Moskau und Sankt Petersburg floriert daher das »Geschäft mit der Sicherheit«, die Zahl der hierauf spezialisierten Firmen vervielfacht sich. Die versprochene Sicherheit wird von paramilitärischen Gruppen garantiert. Diese setzten sich aus ehemaligen Sicherheitskräften und Spezialeinheiten der Roten Armee zusammen, die wegen des Abbaus der Militärausgaben arbeitslos wurden. Ein Großteil dieser Gruppen ist von den Mafiaclans der *organizatsya* durchsetzt. Unter dem Deckmantel dieser scheinbar legalen Ziele findet die russische Mafia eine Rechtfertigung für den Besitz von Waffen und die Existenz bewaffneter Gruppierungen. Kontrollen der Behörden sind dank Schmiergeldern nicht zu befürchten. So erhalten die Bosse einen permanent gültigen Passierschein, der es ihnen erlaubt, die eigenen Geschäfte ungestört abzuwickeln. Überdies ist dank der typischen Struktur der russischen Clans die Gefahr des Verrats vonseiten ihrer Mitglieder auf ein absolutes Minimum beschränkt. Der Pate oder *pakhan* führt über einen Vermittler vier Basis-Einheiten. Dieser übermittelt die Aufträge, während jede einzelne Operationseinheit für verschiedene Aufgabenbereiche krimineller, logistischer oder sicherheitstechnischer Natur zuständig ist. Die Organisationsstruktur erinnert doch sehr an moderne Heer-Strukturen, in denen geheimdienstliche Tätigkeit und Spionage durch Informanten eine immense Bedeutung zukommt. Zu den Aufgaben der Informanten gehört auch die Überwachung der Loyalität des vom Paten ernannten Vermittlers.[5]

Expansion Richtung Osten: Das Recht auf freie Wirtschaftsausübung in den Ländern der ehemaligen Sowjetunion begünstigte die Entwicklung legaler Geschäfte wie zum Beispiel die Einrichtung von Spielkasinos, die heute dem Druck krimineller Organisationen ausgesetzt sind.

Nächste Doppelseite:
Historische Opiumhöhle. Das Opiumrauchen war ursprünglich ein der aristokratischen Klasse vorbehaltenes Privileg. Ab dem 17. Jahrhundert verbreitete es sich in ganz China. Über das Netz der weltweit entstehenden Chinatowns wurde es zwei Jahrhunderte später auch im Westen zur Gewohnheit.

Unter den kriminellen Organisationen mafiosen Typs der ehemaligen UdSSR-Staaten nimmt die tschetschenische Mafia eine gesonderte Stellung ein. Die *Obascina* – wörtlich »Gemeinschaft« – soll angeblich Ende der 1970er-Jahre aus der Unabhängigkeitsbewegung und den Freiheitskämpfen gegen die Zentralmacht in Moskau entstanden sein. Ermittlungen zufolge ist die Organisation in unterschiedliche illegale Geschäfte verwickelt: Geldwäsche, Menschen- und Drogenhandel nach Zentralasien, in die Region des Kaukasus und Russland sowie Handel mit radioaktiven Substanzen wie Plutonium. Es bleibt jedoch Raum für Zweifel hinsichtlich der wahren Identität der tschetschenischen Mafia: Handelt es sich um eine Geheimorganisation, die illegale Geschäfte abwickelt, um ihre Separatistenkämpfer zu finanzieren, wie dies die Vertreter der heute geläufigsten These behaupten? Oder eher um eine kriminelle Vereinigung, die mit den gleichen Denkansätzen und Zielsetzungen agiert wie die anderen Mafias und ihre Interessen mittlerweile auch auf weitere Staaten Osteuropas ausgedehnt hat?

Die Spekulation erorbert die Balkanstaaten

Der Russenmafia gelang es, ein enges Netz mit den höchsten politischen Kreisen und der internationalen Finanzwelt zu knüpfen, das sie auch auf den Balkan ausdehnte. So steht nach dem Sturz des Diktators Ceauçescu die neue russische Oligarchie im Zentrum illegaler Geschäfte, als die rumänische Regierung ihr Privatisierungsprogramm initiiert. Amerikanische Bürger russischer Herkunft nutzen die Gunst der Stunde und erwerben – mit Unterstützung der staatlichen Einrichtungen vor Ort – Aluminium- und Erdölkonzessionen der ehemaligen UdSSR zu Schleuderpreisen. Die rumänische Staatsanwaltschaft strengte eine ganze Reihe an Ermittlungen an, die zur Verhaftung diverser Personen unter dem Vorwurf der Korruption führten. Der Aktionsradius der *organizatsya* hat sich auch auf andere Balkanstaaten ausgeweitet, wie zum Beispiel das Montenegro des Milo Djukanovic. Das Land geriet aufgrund des sehr undurchsichtigen Verkaufs seines größten metallverarbeitenden Unternehmens in die Schlagzeilen der internationalen Presse. Dieser erfolgte über Firmen mit Sitz in Steuerparadiesen an eine russische Firma, die von einem Vertreter mit zweifelhaftem Ruf der ehemaligen sowjetischen Oligarchie geleitet wird.[7]

Chinatown: Vom Opium zum Heroin

Das aus der Kapsel des Mohns gewonnene Opium wurde wohl um 1100 vor Christus in China eingeführt. Ursprünglich wurde die Substanz zur Herstellung von Süßwaren für bestimmte Feiertage oder Feste verwendet. Erst im 17. Jahrhundert fand der Brauch, Opium zu rauchen, weitere Verbreitung. Die Chinesen waren es gewohnt, den Tabak mit dem Derivat des Mohns zu mischen. Da der Kaiser jedoch die Verwendung des Tabaks verbot, ging die Bevölkerung dazu über, das Opium in Reinform zu rauchen. Der rasant ansteigende Konsum zwang zur Einfuhr großer Mengen aus Indien über die britische Ostindienkompanie. Diese neuerliche Einmischung des Königreichs Seiner Majestät in den Handel gefiel den örtlichen

Behörden nicht und führte zum Ausbruch zweier Opiumkriege zwischen China und England (1839 und 1856).

Im 19. Jahrhundert taucht das Opium weltweit in den Chinatowns auf und findet über die Gemeinden vor Ort seine Abnehmer in allen Gesellschaftsschichten. Gleichzeitig verbreitet sich auch der Gebrauch von Morphium, das über einen chemischen Prozess aus Opium gewonnen wird. Ganze Generationen von Verbrechern werden sich daran bereichern. Im Jahr 1874 beschließt die Stadtverwaltung von San Francisco, den Gebrauch von Opium in Chinatown zu begrenzen. Doch während der Verbrauch dieser ersten Drogen per Gesetz eingedämmt werden soll, gelingt es dem englischen Chemiker C.R. Wright durch das Aufkochen von Morphin erstmals Heroin (chemische Bezeichnung: Diacetylmorphin) zu synthetisieren. Die Methode wird von Felix Hoffman im Auftrag des deutschen Pharmaunternehmens Bayer im Jahr 1897 perfektioniert. Dieser hatte nach einem Medikament geforscht, das wirksam gegen Husten, Tuberkulose und andere Atemwegserkrankungen eingesetzt werden konnte. So wird das Heroin (aus dem Deutschen »heroisch«) ganz offiziell entwickelt und zunächst mit großer Begeisterung von der internationalen Wissenschaft aufgenommen, da sie davon ausgeht, dass das neue Produkt nicht die gleiche Abhängigkeit und Sucht wie das substanzgleiche Morphin hervorrufen würde. Der Irrtum hätte nicht größer sein können. Das Heroin erzeugt eine starke Abhängigkeit bei regelmäßigem Konsum, auch wenn die hypnotische Wirkung geringer ist. Der Heroinismus, der

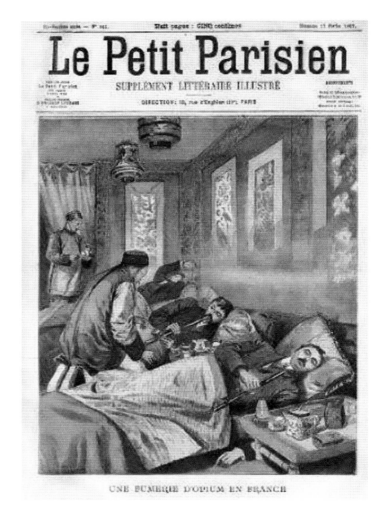

UNE FUMERIE D'OPIUM EN FRANCE

von Wright als Präparat zur Bewusstseinserweiterung erfunden worden war, wird so schnell zu einem echten Problem für die Gesundheit: Im Jahr 1905 sollen allein in der Stadt New York etwa zwei Tonnen Heroin pro Jahr konsumiert worden sein. Im Jahr 1924 verbietet der *Heroin Act* die Produktion und den Konsum von Heroin auf amerikanischem Boden. Andere europäische Länder folgen dem Beispiel der USA in ihrem Versuch, der Kommerzialisierung des Opiums einen Riegel vorzuschieben. Das weiße Pulver hatte den Markt überschwemmt und den kriminellen Organisationen eine neue und unerschöpfliche Geldquelle eröffnet. In den 1950er-Jahren wird das Heroin für die sizilianisch-amerikani-

Der Auszug des Klatschmohns erreicht auch Frankreich.

sche Mafia zu einem gigantischen Geschäft, das im darauffolgenden Jahrzehnt während des Vietnamkriegs noch weiter anwächst, zumal die amerikanischen Kommandos den Gebrauch von Heroin ihrer an der Front kämpfenden Truppen (für den Transport des Rohopiums zwischen Birma und Laos werden sogar Charterflüge organisiert) akzeptieren. Der Verbreitung des Heroins sind Tür und Tor geöffnet, und bald soll die Droge zum Fluch der jungen Generationen werden. In einer ersten Phase raffiniert die Cosa Nostra das aus der Türkei kommende Opium in den Laboratorien der organisierten Kriminalität Marseilles. Im Zuge der Demontage der sogenannten *French Connection* ist sie gezwungen, einen neuen illegalen Bezugskanal aus den Ländern des Goldenen Dreiecks zu organisieren: die Region Südostasiens, mit Teilen Birmas, Laos' und Thailands, welche auf die Herstellung und den Drogenhandel spezialisiert ist, wird bis zum Ende der 1990er-Jahre zum weltweit wichtigsten Lieferanten von Opium. Danach erwächst neue Konkurrenz aus dem sogenannten *Goldenen Halbmond* (Afghanistan, Iran und Pakistan), zu dem gegenwärtig auch Vietnam, Kambodscha und Südchina gehören. Das Goldene Dreieck verfügt mittlerweile über die notwendigen Strukturen und das chemische Wissen, Heroin selbst zu raffinieren und es direkt auf den Markt zu bringen – mit Renditen, die weit über die beim Export des Rohopiums erzielten Preise hinausgehen.

Die Triaden Chinas

Drogenhandel, Geldwäsche, Glücksspiel, Prostitution und Autodiebstahl sind diejenigen Geschäftsbereiche, dank derer die Triaden in der globalen Wirtschaft des organisierten Verbrechens überaus mächtig wurden. Nicht zu vergessen die Software-, Musik- und Filmpiraterie, welche aufgrund der neuen Reproduktionstechnologien in großem Stil möglich ist. Auch diese kriminelle Organisation mafiosen Typs rühmt sich mythologischer Wurzeln: Man sagt, dass sie das Erbe einer geheimen Bruderschaft mit Namen *Tian Di Hui* (»Liga vom Himmels und der Erde«) angetreten habe. Diese war in China Mitte des 18. Jahrhunderts gegründet worden, mit dem Ziel, die Qing Dynastie zu stürzen und die Ming Dynastie wieder einzusetzen. Der Hauptsitz der Triade ist Hong-Kong, aber sie ist auch in Taiwan, Macao und den verschiedenen Chinatowns Nordamerikas, Europas, Südafrikas, Australiens und Neuseelands präsent. In Hong-Kong gibt es etwa 60 Clans, in denen circa 28 000 bis 42 000 Männer aktiv sein sollen,[8] die in erster Linie die Kleinkriminalität auf der Straße steuern. Die Köpfe der Organisation, die nach den profitabelsten kriminellen Geschäftszweigen greifen, tragen unterschiedliche Codenamen: *14K, Wo Shing Wo* und *Wo Shing Tong*, um nur einige zu nennen. »Wo« gibt die gemeinsame Zugehörigkeit zu einer Art Vereinigung der »Harmonie« an. Jede Triade unterscheidet sich von der anderen durch ihre Organisationsstruktur, ihre Geschichte, die sozial-wirtschaftliche Zusammensetzung und die geografische Position, aber auch durch die Persönlichkeit des Bosses. Allen Clans gemein sind jedoch die hierarchische Struktur sowie die genaue Zuteilung der Aufgaben. Den untersten Rang nehmen die »Fußsoldaten« (*Sei Kow Jai*) ein, der militärische Apparat der Organisation. Der »Zeremonienmeister«, Wächter der Tradition, trägt die Nummer »438« und muss neue Mitglieder anwerben. Die »Stroh-Sandale« (*Cho Hai*), Nummer »432«, ist für die Außenbeziehungen und die Kommunikation zuständig, darüber hinaus für die Beschaffung gefälschter Dokumente. Der »rote Pfahl« (*Hung Kwan*), Nummer »426«, muss für Disziplin, Sicherheit, das Erlernen der Kampfsportarten sowie die Einhaltung des Schweigegesetzes sorgen. Der »weiße Papierfächer« (*Pak Tse Sin*), Nummer »415« ist der Verwaltungs- und Finanzdirektor des Clans. Der »Drachenkopf« (*Lung Tao*), Nummer »489«, der manchmal auch als »Bergmeister« (*Shan Chu*) oder »großer Bruder» (*Tai Lo*) bezeichnet wird, ist das Oberhaupt der Triade und kann seinen Stellvertreter und die Berater ernennen.[9]

Das große Geschäft mit dem Kokain und die südamerikanischen Mafias

Das Medellín-Kartell mit Sitz in der gleichnamigen kolumbianischen Stadt ist eine riesige, im internationalen Kokainhandel der 1970er- und 1980er-Jahre tätige Organisation. Verglichen mit den modernen Brokern von heute, die auf den weltweiten Handel von Rauschgift spezialisiert sind, wirkt das Kartell wie ein Relikt aus ferner Vergangenheit: Das Kartell wurde teilweise durch den Einsatz der DEA (*Drug Enforcement Administration*) zerstört. Die DEA war im Jahr 1973 vom damaligen US-Präsidenten Richard Nixon geschaffen worden. In ihr sollte der Kampf gegen den Drogenhandel unter einer Rechtsbehörde gebündelt werden. Als erklärter Feind der DEA musste sich das Medellín-Kartell noch mit

einer anderen rivalisierenden kolumbianischen Organisation des organisierten Verbrechens auseinandersetzen: dem Cali-Kartell. Beide kämpfen mit Waffengewalt um die Vorherrschaft im Drogenhandel und die Kontrolle des Territoriums. Ab dem Jahr 2000 verändern sich im Zuge der Globalisierung der Wirtschaft und der Zunahme des (gegenwärtig weltweit von 250 Millionen Menschen praktizierten) Kokainkonsums die Strukturen der südamerikanischen Narcos ebenso wie ihre Handelsmethoden. Auf internationalem Niveau agieren die Manager der Mafiaorganisationen nunmehr wie Broker der Hochfinanz. Sie verhandeln mit den Drogenhändlern, kontrollieren die Herstellung der Drogen, beginnend bei Anbau und Pflege der Kokapflanze, und senden das Endprodukt an den Endabnehmer. Dies geschieht über Vermittler, den *Weißhemden* des organisierten Verbrechens, welche die aus dem Ausland eintreffende Ware bezahlen und sich um die behördlichen Angelegenheiten kümmern (zum Beispiel die Zollabfertigung der im Laderaum der Schiffe versteckten Ladungen). Zur reibungslosen Abwicklung gründen sie Fantasiegesellschaften oder bedienen sich der Deckung tatsächlich existierender Firmen.[10] In Europa und Amerika durchgeführte Ermittlungen sprechen von einem multinationalen Unternehmen des Drogenhandels: In diesem sind die Vertreter der südamerikanischen Kartelle präsent, insbesondere der kolumbianischen und peruanischen, die für die Herstellung der Drogen verantwortlich sind. Natürlich sind auch jene mafiosen Organisationen wichtig, in deren Ländern die Drogen konsumiert werden und die den größten Teil des Handels finanzieren. Um diesen Kern kreisen unzählige legale Import-Export-Unternehmen, die über Meer- oder Landwege sowie über den Bankenkreislauf den Erfolg der Geschäfte garantieren. Dabei wird ein Investitionsgewinn von 300 Prozent des Preises der illegalen Grundsubstanz erzielt. Ein Multiplikationskoeffizient, den kein Industrie- oder Finanzsektor im legalen Geschäftsleben je garantieren könnte. Die neuen Organisationen, die dem Drogenhandel weltweit vorstehen, bedienen sich heute in ihrem Kampf um die Vorherrschaft eher des Notebooks als des bewaffneten Konflikts, der früher bei den kolumbianischen Kokainkartellen zum Alltag gehörte.[11] In dieser weltweiten Vernetzung stößt man auch auf die Verbindung der kalabrischen 'Ndrangheta mit den kriminellen Banden mafiosen Typs Mexikos. Im Dezember 2009 wurde Arturo Beltrán-Levya, der wegen seiner blutrünstigen Grausamkeit den Spitznamen »der Tod« führte, in einer bewaffneten Auseinandersetzung mit dem Heer und der mexikanischen Polizei in einer Luxusresidenz in Cuernavaca erschossen. Er galt als der »Boss der Bosse« der *Federación*, einer Kommission, in der die einzelnen Kokainkartelle seit 2008 unter seiner Leitung zusammengefasst waren. Die Kommission übernahm die Aufteilung des Drogenhandels und die Organisation von Transport und Vertrieb unter den einzelnen Kokainkartellen. Nach dem Tod von Beltrán-Levya sind die Ermittler mehr denn je davon überzeugt, dass die neuen Paten auf dem Weltmarkt des weißen Pulvers zwischen Mexiko und Italien zu suchen sind.[12]

Auslieferung im Zeichen der Antimafia. 13. Juli 2004, Istanbul: Alaatin Cakici hinter Gittern. Auf seiner Flucht durch Europa wird er von der österreichischen Polizei im Oktober verhaftet und in die Türkei überführt. Das Oberlandesgericht Wien wies den Einspruch der Verteidigung ab: Die Richter waren der Meinung, dass Cakici in seinem Land ein fairer Prozess gemacht und er weder Folter im Gefängnis noch der Todesstrafe ausgesetzt werde.

Die anderen kleineren Mafias

Im weltweiten Panorama der organisierten Kriminalität stößt man auch auf jene Mafias, die aus den sogenannten kleineren Ländern kommen und doch keineswegs weniger gefährlich sind. In der Türkei stand über viele Jahre hinweg der Mafioso Alaatin Cakici, der wahrscheinlich auch der ultranationalistischen Organisation »Graue Wölfe« angehört, an der Spitze aller illegalen

Geschäfte. Nachdem er im Jahre 1998 in Frankreich verhaftet und an die Türkei ausgeliefert worden war, gelang es ihm jahrelang sich der Justiz zu entziehen. 2004 wurde er in Österreich verhaftet und in der Türkei verurteilt. Auf das Konto seines Clans gehen Morde, Überfälle und

Linke Seite: *Geschäft mit der illegalen Einwanderung: Massen an illegalen Einwanderern aus den Balkanstaaten an den italienischen Küsten. Die Organisation und Durchführung der illegalen Einwanderung ist das wichtigste Geschäft der albanischen Clans, die trotz intensiver Kontrollen und Patrouillen vonseiten der Ordnungskräfte damit immense Geldsummen verdienen.*

Rechte Seite: *Die Aufnahmelager dienen der Identifizierung und nachfolgenden Ausweisung illegaler Einwanderer. In Italien versandet deren Rückführung meist im Geflecht der Bürokratie, da die Behörden nicht in der Lage sind, die für die Einwanderung geltenden EU-Richtlinien anzuwenden.*

Erpressung. Er sitzt seine Strafe im Hochsicherheitsgefängnis von Tekirdag ab. Nicht weit davon entfernt hat die albanische Mafia auf dem Balkan das Phänomen »illegale Einwanderung« zu einem echten Geschäftszweig gemacht: Bis zu 4 000 US-Dollar lassen sich skrupellose Bootsleute bezahlen, um tausende Albaner an die italienische Küste zu transportieren. Männer, Frauen und Kinder riskieren in völlig überfüllten Schlauchbooten ihr Leben, um zum Gegenstand eines äußerst lukrativen Menschenhandels zu werden. Ein Handel, der mit ihrer Ankunft am Ziel nicht endet, denn die über das Meer gekommenen Einwanderer sind eine leichte Beute für illegale Geschäftemacher: von der Schwarzarbeit bis hin zur Prostitution, die auch die jüngsten Mädchen trifft.

11 Die Mafia im Film

Vor ihrem Erscheinen auf der Kinoleinwand war der Bekanntheits-
grad der Mafia unter der breiten Bevölkerung eher gering. Das
Kino trug dazu bei, den Mythos populär zu machen. Das Klischee
des Gangsters, der mit einer im Geigenkasten versteckten Waffe
unterwegs ist, geht auf die 1930er-Jahre zurück. Heute ist die Welt
der Rache, der Schweigepflicht und der Verbindungen zwischen
den kriminellen Familien vielen vertraut – sicherlich weit jenseits
der Grenzen, hinter denen die Mafia ursprünglich beheimatet war.

Scarface: Al Pacino als Tony Montana in einer Szene des Films; das Drehbuch
stammt von Oliver Stone, Regie führte Brian De Palma.

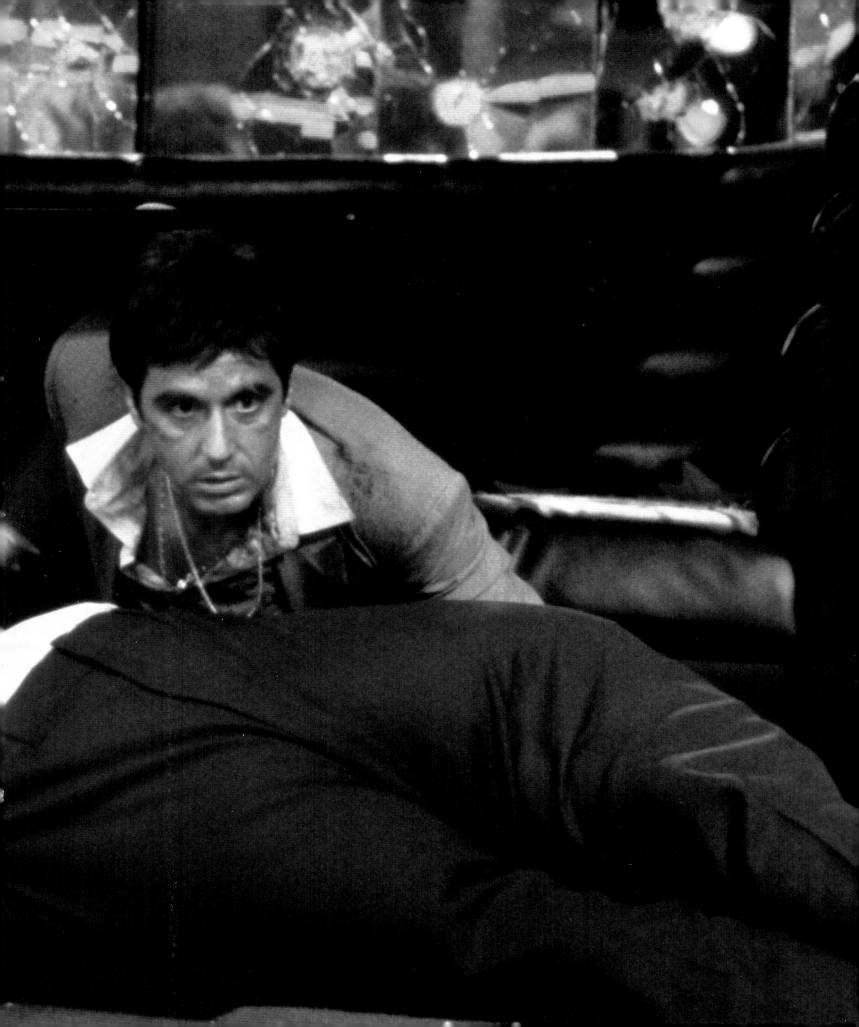

Die ersten Filme über die Mafia und die Prohibition in den 1930er-Jahren

Unter den ersten Filmen, die sich explizit der Verbrecherwelt widmeten, nimmt *Der kleine Cäsar* (*Little Caesar*) eine besondere Stellung ein. Der von Mervyn LeRoy im Jahr 1930 gedrehte Film basiert auf einem Roman von William Riley Burnett. Caesar Enrico Bandello (dargestellt von Edward G. Robinson) ist ein ehrgeiziger Krimineller, der die ländliche Heimat verlässt, um als Gesetzloser in der großen Stadt zu leben. Die schauspielerische Leistung von Robinson als »Rico« prägte das Klischee vom Gangstertum nach Hollywood-Manier. Das Werk fand im Jahr 2000 internationale Beachtung, als es in das Nationale Filmregister der *Library of Congress* aufgenommen wurde. Dieser obliegt es, die besten Filmwerke für die zukünftigen Generationen zu restaurieren und aufzubewahren.

Die Macht des Schweigens

In nome della legge ist eine der ersten italienisch-französischen Koproduktionen, die schonungslos und realistisch die Welt der sizilianischen Mafia beschreiben. Besonders beeindruckend gelingt es diesem Film, die schützende Macht des Schweigens darzustellen, die immer dann greift, wenn die Justiz versucht, die illegalen Aktivitäten der Clans ans Licht zu bringen. Der vom italienischen Regisseur Pietro Germi gedrehte Film basiert auf dem Roman *Piccola pretura* (»Kleines Amtsgericht«) des Richters Giuseppe Guido Lo Schiavo. Er erzählt die Erlebnisse des palermitanischen Amtsrichters Guido Schiavi (dargestellt von Massimo Girotti), der Ende der 1940er-Jahre in ein kleines Dorf im sizilianischen Hinterland geschickt wird. Dort soll er die sozialen Ungerechtigkeiten angehen, die in dem vom örtlichen *padrino* Turi Passalacqua (Charles Vanel) beherrschten Gebiet grassieren. Schiavi ist auf sich allein gestellt und muss gegen die Komplizenschaft des örtlichen Clans ankämpfen. Doch am Ende gelingt es ihm, Gesetz und Ordnung wiederherzustellen – in einem Umfeld, das sich hartnäckig jeder von außen aufgezwungenen Veränderung widersetzt.

Auch in *Der Tag der Eule* (*Il giorno della civetta*), einer weiteren italienisch-französischen Koproduktion, werden die Traditionen der Mafia überzeugend dargestellt. Der im Jahr 1968 gedrehte Film von Damiano Damiani basiert auf dem gleichnamigen Roman von Leonardo Sciascia, Schriftsteller und sizilianischer Parlamentarier, bekannt durch seine zahlreichen Werke zum Phänomen Mafia. *Der Tag der Eule* erzählt die Geschichte von Hauptmann Bellodi, einem Polizeibeamten (dargestellt von Franco Nero), der von Norditalien in ein kleines Dorf im ländlichen Sizilien geschickt wird. Bellodi versucht, die Hintergründe des Todes eines Bauunternehmers aufzuklären, der sich geweigert hatte, einer von der örtlichen Mafia geschützten Firma einen Bauauftrag zu erteilen. Der Film zeichnet, ebenso wie das Buch, ein realistisches Bild der ländlichen Mafia, die stets bereit ist, sich in der Verbrechenshierarchie nach oben zu arbeiten – einer Welt, in der die Interessen willfähriger Staatsbeamter sich mit den Interessen der *padrini* verknüpfen. Der Film zeigt, wie leicht es der Unterwelt und den ihr übergeordneten Institutionen fällt, gemeinsam zu agieren, wenn es darum geht, jeden

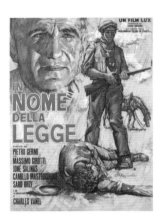

kleinstmöglichen Erfolg der Justiz im Keim zu ersticken – allen hehren Zielen und Anstrengungen Bellodis zum Trotz.

Salvatore Giuliano, der Herr von Montelepre

Zwei Filme beschäftigen sich mit der Figur von Salvatore Giuliano, dem Mann, der das Blutbad von Portella della Ginestra im Jahr 1947 anordnete. Seine Männer eröffneten das Feuer auf eine Gruppe von Bauern, die sich versammelt hatte, um den Sieg des Blocco del Popolo zu feiern. Der erste Film mit dem Titel *Wer erschoss Salvatore G.? (Salvatore Giuliano)* ist eine von Francesco Rosi im Jahr 1962 gedrehte italienische Dokumentation, in der das Massaker, die nachfolgenden Ereignisse und widersprüchlichen Erkenntnisse, die Verbindungen Giulianos zur Mafia und den Behörden sowie die unklaren Umstände, die zum Tod Giulianos führten, dargestellt werden. Getreu seinem realistischen Stil, der alle seine Werke auszeichnet, lässt Rosi die Dialoge auf Sizilianisch sprechen und rekonstruiert die Ereignisse, die zum Auffinden der Leiche des Herrn von Montelepre führen, an Originalschauplätzen in Castelvetrano. Der Film zeigt die Widersprüche in der offiziellen, von den Behörden gelieferten Version, der zufolge Giuliano in einem Feuergefecht mit den Ordnungskräften getötet worden sei. Besondere Beachtung finden auch die nachfolgenden Ereignisse, unter anderem der aufsehenerregende Prozess im Jahr 1951, in dem alle am Blutbad beteiligten Mitglieder der Bande zu lebenslangen Haftstrafen verurteilt werden. Ausführlich wird

auch auf das Schicksal des Stellvertreters Giulianos, Gaspare Pisciotta, eingegangen, der 1954 im Gefängnis an einem mit Strychnin versetzten *caffè corretto* stirbt.

Dieselben Ereignisse werden im Jahr 1987 von Michael Cimino in *Der Sizilianer* (*The Sicilian*) auf der Grundlage des gleichnamigen Romans von Mario Puzo verfilmt. Das Werk ist eine Art Autobiografie des Banditen (gespielt von Christopher Lambert), der als Outlaw für die Freiheit Siziliens und die Angliederung an die Vereinigten Staaten kämpft. Der Film erzählt in einzelnen Episoden das Leben Giulianos als Verbrecher, als Held, als Separatist sowie als Rächer à la Robin Hood, der seine Verbrechen im Namen der Ärmsten begeht. Dieses umstrittene Werk war harter Kritik vonseiten der Historiker ausgesetzt, die dem Regisseur unter anderem vorwarfen, simple Mutmaßungen als historische Fakten darzustellen. So stützt sich die Beschreibung des Blutbads von Portella della Ginestra beispielsweise nur auf die von Giuliano gelieferte Version; er behauptet, das Gemetzel sei nicht geplant, sondern ein Versehen seiner Männer gewesen, die eigentlich über die Menge hinweg hätten schießen sollen. Auch wird die ganze Schuld seinem Stellvertreter zugeschoben, sodass das Ansehen des kriminellen Helden unbeschädigt bleibt.

Die Saga des Paten

Mit Erscheinen des Films *Der Pate* (*The Godfather*) im Jahr 1972 wurden die sizilianisch-amerikanische Mafia und das Örtchen Corleone auf Sizilien, aus dem der Boss der Bosse stammte,

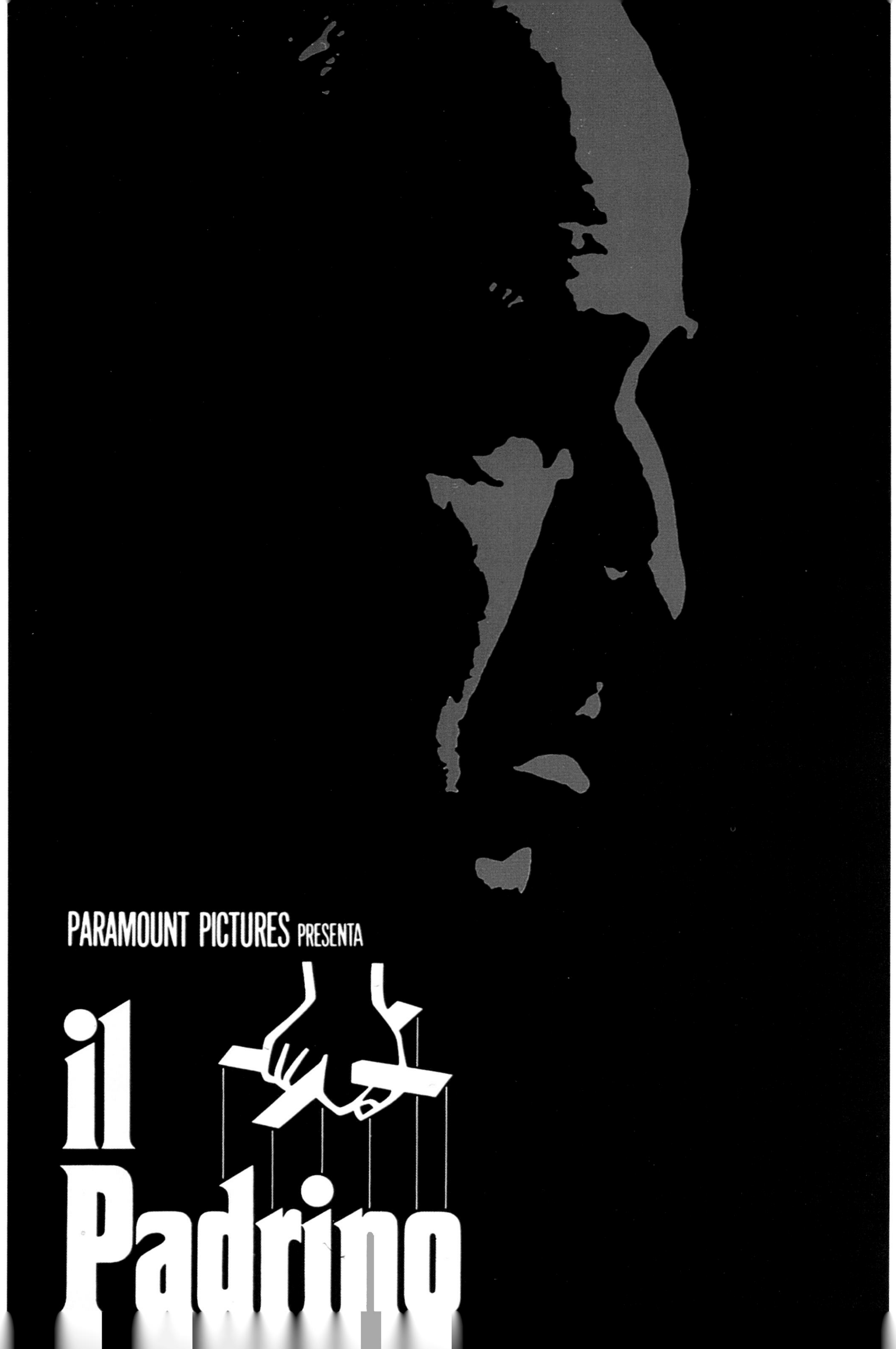

PARAMOUNT PICTURES PRESENTA

il Padrino

weltweit bekannt. Auf dem Roman von Mario Puzo basierend und gedreht von Francis Ford Coppola, ist dieser Film der erste einer Trilogie (*Der Pate II* aus dem Jahr 1974 und *Der Pate III* aus dem Jahr 1990), die eine Saga begründete, die in die Geschichte des Kinos eingegangen ist. Mit einer herausragenden Besetzung, darunter Marlon Brando, Al Pacino und James Caan, gewann der Film 1973 drei Oscars (bester Film, bester Schauspieler und bestes adaptiertes Drehbuch). Das Werk beschreibt ausführlich die Verbindungen zwischen Sizilien und den USA in der Geschichte des organisierten Verbrechens.

Schon im Vorfeld der Dreharbeiten rief die Absicht der Produktionsgesellschaft, sich an realen Ereignissen zu orientieren, heftige Proteste hervor. Die italo-amerikanische Bürgerrechtsliga, der der bekannte Mafioso Joseph Colombo vorsaß, beklagte, dass der Film dem Image der Italo-Amerikaner in den USA schaden würde, und organisierte eine öffentliche Protestdemonstration im Madison Square Garden in New York, um den Drehbeginn zu verhindern. Die Filmproduzenten waren zudem konkreten Gewaltandrohungen ausgesetzt. Schließlich gelangte man zu einer Einigung: Die Produktion konnte fortgesetzt werden unter der Bedingung, dass das Wort »Mafia« im Film nicht fallen durfte. In Wirklichkeit wäre dies gar nicht nötig gewesen: Die detaillierte Beschreibung einer kriminellen Organisation, die sich auf rigide Familienhierarchien stützt, ließ keine Zweifel an der Absicht des Regisseurs aufkommen.

Insbesondere Marlon Brando gelingt es, die Kultur und den typischen Lebensstil zu verkör-

Die Entwicklung der Cosa Nostra in den Vereinigten Staaten, von der traditionellen Familie unter Don Vito Corleone (Marlon Brando) in Der Pate I zu der modernen und erbarmungslosen Familie seines Erben Michael Corleone (Al Pacino) in Der Pate II. Der Pate III widmet sich den mutmaßlichen Verstrickungen zwischen der Mafia und der politischen und finanziellen Macht der Vatikanbank.

pern. Mit seinen aufgeplusterten Wangen – dank einer speziellen zahnärztlichen Apparatur, die heute im *American Museum of the Moving Images* in New York aufbewahrt wird – nimmt er das eindrucksvolle Aussehen eines lebenserfahrenen und mächtigen Bosses an. So authentisch, dass viele behaupten, Marlon Brando habe die Darstellung des Vito Corleone von Carlo Gambino übernommen, dem echten *padrino* der amerikanischen Cosa Nostra: zurückhaltend, scheu und stets darauf bedacht, unnötige Aufmerksamkeit in der Presse zu vermeiden, ganz wie es einer lebenden Legende der »alten Mafia« zustand. Andere Personen des Films beziehen sich auf real existierende Mafiosi. Der *consigliere* (Berater) von Don Vito etwa, Tom Hagen (gespielt von Robert Duvall), entspricht dem Vermittler, den Lucky Luciano in die Koordinierungskommission der einzelnen Clans einzuführen versuchte, um das Verhältnis zwischen den einzelnen Familien zu befrieden. Der weitere Verlauf der Handlung findet noch mehr Bezugspunkte zu Ereignissen in der Geschichte der Mafia. Don Vito ermutigt seinen Sohn Michael (Al Pacino), nach Sizilien zurückzukehren, um den Konsequenzen einer ganzen Reihe an Racheakten zwischen rivalisierenden Familien zu entgehen. Auch in der Realität war eine Vielzahl sizilianischer Immigranten gezwungen, den Weg nach Hause aus ebendiesen Gründen zu nehmen. In einer späteren Sequenz des Films – zu diesem Zeitpunkt hat Michael den Vater an der Spitze der Familie abgelöst – bestraft er mit mafiatypischen Techniken, ausgeklügelter Strategie und dem richtigen Timing die des Verrats schuldig gewordenen gegnerischen Banden.

Al Capone und *Die Unbestechlichen*

Mit *Die Unbestechlichen* (*The Untouchables*) aus dem Jahr 1987 kehrt Brian De Palma zum Gangstertum der 1930er-Jahre zurück. Der Film zeigt im Vergleich zu *Der Pate* eine in ihren Entscheidungen mehr vom Instinkt, weniger von der Ratio gelenkte Mafia. Sean Connery wird 1988 für seine Darstellung des Jimmy Melone, eines unbestechlichen Polizisten irischen Ursprungs, mit dem Oscar für die beste Nebenrolle ausgezeichnet. Im Werk von De Palma kämpfen die Banden ihren ewigen und blutigen Kampf um die Eroberung des illegalen Alkoholmarkts im Chicago zur Zeit der Prohibition, die Geschichte stellt Al Capone und die zahlreichen Versuche, seiner habhaft zu werden, in den Mittelpunkt. Dabei werden auch die geheimen Machenschaften zwischen mafiosen Organisationen und korrupten Beamten in ihrer Gier nach dem schnellen Geld gezeigt. Wie viele andere Kinofilme von der echten Geschichte der Mafia inspiriert, mischt auch *Die Unbestechlichen* Fiktion mit realen Ereignissen. Die Anfangsszene im Friseursalon wurde zum Beispiel mit den Originaleinrichtungsgegenständen des von Al Capone bevorzugten Geschäfts gedreht. Andere Elemente mussten jedoch dem Drehbuch angepasst werden. So hat Frank Nitti, der im Film einen tragischen Tod stirbt, in Wirklichkeit jedoch alle Zeit, die Führung des Imperiums von Al Capone an sich zu reißen und dessen Erbe anzutreten.

Die Unbestechlichen ist auch der Titel einer Fernsehserie, die im Fernsehsender ABC zwischen 1959 und 1963 ausgestrahlt wurde. Die von Quinn Martin produzierte Serie spielt zwischen 1929 und 1935 und beeinflusste wahrscheinlich auch die Arbeit von De Palma. Sie erzählt mit großer erzählerischer Freiheit die Aktionen der von Eliot Ness geleiteten Spezialeinheit, der es gelang, den berühmten Gangster Chicagos festzunehmen. Die große Brutalität, die in allen Folgen der Serie zu sehen war, führte bei ihrer Ausstrahlung zu zahlreichen Beanstandungen, aber auch zu hohen Zuschauerquoten. Dem Remake von *Die Unbestechlichen*, das man zwischen Januar 1993 und Mai 1994 an den Start bringt, ist jedoch nicht der gleiche Erfolg vergönnt.

Die konstante Mischung von Fiktion und Wirklichkeit ist auch in der Fernsehserie von *Die Sopranos* (*The Sopranos*) präsent. Die weltweite Popularität der von David Chase für den amerikanischen Fernsehsender HBO produzierten und in den USA zwischen 1999 und 2007 ausgestrahlten Fernsehproduktion basiert auf der Härte einiger Szenen und der Schonungslosigkeit in Dialogen und Inszenierung. Die Serie erzählt die Geschichte einer aus Avellino (Kampanien) nach New Jersey eingewanderten Familie. Insbesondere der Clan-Boss, Tony Soprano, verkörpert den Archetypus des italo-amerikanischen Bosses, seine Eigenschaften und sein Agieren tragen deutlich die Züge jener fünf Mafia-Familien, die um die Macht in der tatsächlichen Unterwelt New Yorks kämpften. Eine Reihe Schauspieler italienischer Herkunft verlieh der Serie eine kräftige Dosis Realismus. Sie wurde mit den wichtigsten Preisen ausgezeichnet, unter anderem mit

Robert de Niro spielt den berühmten Gangster Al Capone im Film »Die Unbestechlichen« von Brian De Palma.

fünf Golden Globes und drei Emmy Awards. Gleichzeitig jedoch war sie wegen des Misskredits, in den sie die italo-amerikanische Gemeinde angeblich gebracht hatte, scharfer Kritik ausgesetzt.

Die goldene Welt des Kokain

Der Film *Scarface* von Brian De Palma (das Drehbuch stammt von Oliver Stone) ist ein Remake des gleichnamigen Klassikers von Howard Hawks, der 1932 die Person Al Capones in den Mittelpunkt seines Films stellt. Den beiden Filmen gemein ist, dass das Kino made in USA die Protagonisten des organisierten Verbrechens endgültig amerikanisiert und ihre Vorstellung einer einzigen Mafia sizilianischen Ursprungs im ewigen Konflikt mit der multiethnischen Wirklichkeit eines Landes, in dem jeder die Chance hat und – im guten wie im schlechten Sinne – Amerikaner wird, hervorhebt. Die beiden *Scarface*-Filme liefern so ein authentisches Bild der Bosse des organisierten Verbrechens auf multinationaler Ebene.

Bei De Palma ersetzt das vom Kokainhandel bestimmte Miami der 1980er-Jahre das Chicago der Prohibition. Die Welt des Verbrechens besteht in diesem Fall aus einer Gemeinde von Exilkubanern, die in unterschiedliche illegale Geschäfte verwickelt sind. Auch in diesem Film stützt sich das Drehbuch auf historische Fakten, um es mit fiktionalen Elementen zu versetzen. Tony Montana (Al Pacino), *Scarface* genannt, ist einer von mehr als

In der Mitte ist James Gandolfini als Rony Soprano zu sehen, Boss der italo-amerikanischen Familie und zentrale Figur und Hauptperson der berühmten TV-Serie »Die Sopranos«, die vom Sender HBO bis 2007 gezeigt wurde.

125 000 kubanischen Flüchtlingen, die von Fidel Castro die Erlaubnis erhalten, die Karibikinsel im Jahr 1980 zu verlassen, mit dem – von den Behörden nicht offiziell erklärten – Ziel, die überfüllten Gefängnisse Havannas zu leeren. Kurz nach ihrer Ankunft geben er und sein Freund Manny Ribera (gespielt von Steven Bauer) ihre legalen, aber unterbezahlten Jobs auf und treten einer Kokainhändlerbande bei. Im Film sind die Kontroll- und Tötungsmethoden, derer sich die Bosse zur Sicherung ihres Territoriums bedienen, von realen Episoden inspiriert; etwa jene Szene, in der ein Mitglied der Gang mit einer Kettensäge ermordet wird. Für das Drehbuch recherchierte Oliver Stone unter anderem bei der Polizei von Miami und der DEA (*Drug Enforcement Administration*).

Die zahlreichen Anspielungen des Films auf das organisierte Verbrechen in Miami riefen jedoch den Protest der kubanischen Gemeinde hervor, die der Produktionsgesellschaft vorwarf, ein negatives Bild der Neu-Einwanderer heraufzubeschwören, sie als eine Ansammlung Krimineller zu beschreiben, ungeachtet der Tatsache, dass viele Verbannte ihr Land verlassen hatten, um der Unterdrückung vonseiten des Castro-Regimes zu entgehen. Da die Produktionsfirma nicht zu einer Änderung ihrer Darstellung bereit war, mussten einige der noch ausstehenden Außenaufnahmen in Los Angeles gedreht werden.

Die neapolitanische Camorra

Die Geschichte der Mafia und anderer Verbrecherorganisationen Süditaliens, zum Beispiel der neapolitanischen Camorra, spielt auch in zahlreichen italienischen Filmproduktionen eine wichtige

Rolle. All diese Filme geben detailliert auch die blutigsten Ereignisse wieder, ob sie nun einzelne Episoden oder das Leben derjenigen, die gegen das organisierte Verbrechen gekämpft haben, darstellen. *Der Professor* (*Il Camorrista*) aus dem Jahr 1986 ist das Regie-Erstlingswerk von Giuseppe Tornatore, in Anlehnung an den gleichnamigen Roman von Giuseppe Marrazzo. Um die imaginäre Hauptperson, den von Ben Gazzarra interpretierten *professore*, schildert Tornatore Ereignisse und Verbrechen, die Raffaele Cutolo, Gründer der Neuen Camorra (*Nuova Camorra Organizzata*) zugeschrieben werden, der Neapel ab Beginn der 1970er-Jahre dominierte.

Der im Jahr 2008 erschienene Film *Gomorrha – Reise in das Reich der Camorra* (*Gomorra*) spielt in der Peripherie Neapels, in den Vororten Scampia und Secondigliano, wo Drogen und Massenarbeitslosigkeit grassieren. Der Film basiert auf dem gleichnamigen Bestseller von Roberto Saviano, der in seiner Dokumentation die Welt der neapolitanischen Camorra beschreibt, die er durch das lange und enge Zusammenleben mit den Clans kennengelernt hat. Der Film, Gewinner des Großen Preises der Jury in Cannes, zeichnet mit großer Objektivität ein neues Bild des organisierten Verbrechens in Kampanien und einer von Gewalt und Grausamkeit geprägten Unterwelt. Unter den Darstellern sind sowohl Laienschauspieler, die wie die Protagonisten in einer Welt beheimatet sind, in der Mord, Erpressung und Drohungen an der Tagesordnung sind, als auch echte Verbrecher, die nach Ende der Dreharbeiten in Handschellen abgeführt wurden.

Der größte Unterschied zwischen dieser Produktion und all den anderen, die sich der organisierten Kriminalität widmen, liegt in erster Linie in der absolut realistischen Darstellung des Lebens der Bosse, aus dem Blickwinkel dessen, der die Gewalt am eigenen Leib verspürt, erlebt und erleidet. »Das, was Michael Corleone schön macht«, so schreibt Saviano, »ist unter anderem, dass er ein gequälter Mann ist, faszinierend und mächtig, ein Mann, der seinen Regeln folgt: Du kannst ihn verabscheuen, aber du identifizierst dich mit ihm. In *Gomorrha* sollte dies nicht passieren. Dir sollte der Gestank der von den illegalen Deponien vergifteten Pfirsiche in der Nase hängen bleiben, das elendige Leben dessen, der auf seine *mesata da camorrista* (monatliche finanzielle Zuwendung) wartet.«[1] Mit anderen Worten: *Gomorrha* scheint eines der vom Richter Cesare Terranova formulierten Ziele erreicht zu haben. Cesare Terranova, der seine gegen die sizilianische Cosa Nostra geführten Untersuchungen mit dem Leben bezahlte, sagte bereits im Jahr 1965, dass man »die Vorstellungen der Vergangenheit beiseite legen« müsse und erkennen müsse, dass »... die Mafia kein abstrakter Begriff, auch kein Gefühlszustand ist, sondern eine organisierte Kriminalität, effizient und gefährlich. Es gibt nur eine Mafia, weder alt noch jung, weder gut noch böse, es gibt die Mafia: Sie ist eine verbrecherische Vereinigung.«[2] Das Buch von Saviano und der Film von Matteo Garrone stellen in dieser Hinsicht einen ersten Schritt dar: weg vom Mythos und hin zur Frage nach dem wahren Wesen dieses Phänomens.

Linke Seite:
Authentischer Schriftsteller. Roberto Savianos Enthüllungsbuch über die neapolitanische Camorra »Gomorrha« basiert auf seinen tatsächlichen Erfahrungen in der Welt des Verbrechens. Seit dem Erfolg des Buches steht er unter permanentem Polizeischutz.

Rechte Seite:
Feuerprobe. Eine auf dem Buch von Roberto Saviano basierende Filmszene. Die beiden quaglioni *(junge Burschen), die den Bossen der Camorra Konkurrenz machen wollten, landen in einer Falle: ihre Hinrichtung am Strand.*

FILMOGRAFIE

Der kleine Cäsar (*Little Caesar*, 1931), Regie: Mervyn LeRoy

The Public Enemy (1931), Regie: William A. Wellman

Scarface, 1932, Regie: Howard Hawks

Im Namen des Gesetzes (*In nome della legge*, 1949), Regie: Pietro Germi

Menschen, die im Schatten stehen (*Il Magistrato*, 1959), Regie: Luigi Zampa

L'onorata società (1961), Regie: Riccardo Pazzaglia

Wer erschoss Salvatore G.? (*Salvatore Giuliano*, 1962), Regie: Francesco Rosi

Mafioso (1962), Regie: Alberto Lattuada

Hände über der Stadt (*Le mani sulla città*, 1963), Regie: Francesco Rosi

Zwei Mafiosi im Wilden Westen (*Due mafiosi nel Far West*, 1964), Regie: Giorgio Simonelli

Zwei Särge auf Bestellung (*A ciascuno il suo*, 1967), Regie: Elio Petri

Der Tag der Eule (*Il giorno della civetta*, 1968), Regie: Damiano Damiani

Der Pate (*The Godfather*, 1972), Regie: Francis Ford Coppola

Der Fall Mattei (*Il caso Mattei*, 1972), Regie: Francesco Rosi

Die Valacchi Papiere (*The Valacchi Papers*, 1972), Regie: Terence Young

Omertà – Reden heißt Sterben (*Camorra*, 1972), Regie: Pasquale Squitieri

Lucky Luciano (*Lucky Luciano*, 1973), Regie: Francesco Rosi

Der Teufel führt Regie (*Il boss*, 1973), Regie: Fernando Di Leo

Der Pate II (*The Godfather Part II*, 1974), Regie: Francis Ford Coppola

Yakuza (*The Yakuza*, 1974), Regie: Sydney Pollack

Die Ermordung eines chinesischen Buchmachers (*The Killing of a Chinese Bookie*, 1976), Regie: John Cassavetes

Scarface (*Scarface*, 1983), Regie. Brian De Palma

Es war einmal in Amerika (*Once Upon a Time in America*, 1984), Regie: Sergio Leone

Die 100 Tage von Palermo (*Cento giorni a Palermo*, 1984), Regie: Giuseppe Ferrara

Pizza Connection (*The Pizza Connection*, 1985), Regie: Damiano Damiani

Die Ehre der Prizzis (*Prizzi's Honor*, 1985), Regie: John Huston

Der Denunziant (*Il pentito*, 1985), Regie: Pasquale Squitieri

Der Professor (*Il camorrista*, 1985), Regie: Giuseppe Tornatore

The Untouchables – Die Unbestechlichen (*The Untouchables*, 1987), Regie: Brian De Palma

Der Sizilianer (*The Sicilian*, 1987), Regie: Michael Cimino

La posta in gioco (1988), Regie: Sergio Nasca

Black Rain (1989), Regie: Ridley Scott

Für immer Mery (*Mery per sempre*, 1989), Regie: Marco Risi

Der Pate III (*The Godfather Part III*, 1990), Regie: Francis Ford Coppola

King of New York – König zwischen Tag und Nacht (*King of New York*, 1990), Regie: Abel Ferrara

Palermo vergessen (*Dimenticare Palermo*, 1990), Regie: Francesco Rosi

Good Fellas – Drei Jahrzehnte in der Mafia (*Goodfellas*, 1990), Regie: Martin Scorsese

Billy Bathgate (1991), Regie: Robert Benton

Zahnstocher Johnny (*Johnny Stecchino*, 1991), Regie: Roberto Benigni

Die Monster AG (*Mobsters*, 1991), Regie: Michael Karbelnikoff

Die Kunst der Erpressung (*Minbo no onna*, 1992), Regie: Juzo Itami

Die Eskorte – Im Visier der Angst (*La scorta*, 1993), Regie: Ricky Tognazzi

Giovanni Falcone (*Giovanni Falcone*, 1993), Regie: Giuseppe Ferrara

In den Straßen der Bronx (*A Bronx Tale*, 1993), Regie: Robert de Niro

Carlito's Way – Weg zur Macht (*Carlito's Way*, 1993), Regie: Brian De Palma

Zeit des Zorns (*Il lungo silenzio*, 1993), Regie: Margarethe von Trotta

Der Fall Sindona (*Un eroe borghese*, 1994), Regie: Michele Placido

Paolo Borsellino (1995), Regie: Pasquale Scimeca

Casino (*Casino*, 1995), Regie: Martin Scorsese

Palermo Milano – Flucht vor der Mafia (*Palermo Milano solo andata*, 1995), Regie: Claudio Fragasso

Vite strozzate (1996), Regie: Ricky Tognazzi

Der Onkel aus Brooklyn (*Lo zio di Brooklyn*, 1995), Regie: Daniele Ciprì und Franco Maresco

Oh Tano! (*Tano da morire*, 1997), Regie: Roberta Torre

Augenzeuge in Gefahr (*Testimone a rischio*, 1997), Regie: Pasquale Pozzessere

Donnie Brasco (*Donnie Brasco*, 1997), Regie: Mike Newell

Kriegstheater (*Teatro di guerra*, 1998), Regie: Mario Martone

Falcone – Im Fadenkreuz der Mafia (*I giudici*, 1999), Regie: Ricky Tognazzi

Die Sopranos (*The Sopranos*, 1999), Regie: Jack Bender

Meyer Lansky – Amerikanisches Roulette (*Lansky*, 1999), Regie: John McNaughton

Reine Nervensache (*Analyze This*, 1999), Regie: Harold Ramis

Brother (*Brother*, 2000), Regie: Takeshi Kitano

Placido Rizzotto (2000), Regie: Pasquale Scimeca

100 Schritte (*I cento passi*, 2000), Regie: Marco Tullio Giordana

Traffic – Macht des Kartells (*Traffic*, 2000), Regie: Steven Soderbergh

Luna Rossa (2001), Regie: Antonio Capuano

Angela (2002), Regie: Roberta Torre

Road to Perdition (*Road to Perdition*, 2002), Regie: Sam Mendes

Reine Nervensache 2 (*Analyze That*, 2002), Regie: Harold Ramis

Mein ungeliebter Schwager (*Mio Cognato*, 2003), Regie: Alessandro Piva

Segreti di stato (2003), Regie: Paolo Benvenuti

Ich habe keine Angst (*Io non ho paura*, 2003), Regie: Gabriele Salvatores

Certi bambini (2004), Regie: Andrea und Antonio Frazzi

Paolo Borsellino (2004), Regie: Gianluca Maria Tavarelli

Alla luce del sole (2005), Regie: Roberto Faenza

Romanzo Criminale (2005), Regie: Michele Placido

In un altro paese (2005), Regie: Marco Turco

Joe Petrosino (2006), Regie: Alfredo Peyretti

Il fantasma di Corleone (2006), Regie: Marco Amenta

Find Me Guilty – Der Mafiaprozess (*Find Me Guilty*, 2006), Regie: Sidney Lumet

Departed – Unter Feinden (*Departed*, 2006), Regie: Martin Scorsese

L'uomo di vetro (2007), Regie: Stefano Incerti

Milano–Palermo: Il Ritorno (2007), Regie: Claudio Fragasso

Il dolce e l'amaro (2007), Regie: Andrea Porporati

Tödliche Versprechen – Eastern Promises (*Eastern Promises*, 2007), Regie: David Cronenberg

Gomorrha – Reise in das Reich der Camorra (*Gomorra*, 2008), Regie: Matteo Garrone

Public Enemies (*Public Enemies*, 2009), Regie: Michael Mann

ANMERKUNGEN

Die Anfänge

1. SCIASCIA, LEORNARO. *Cruciverba*, Mailand 1998, S. 171.
2. HESS, HENNER. *Mafia. Ursprung, Macht und Mythos*, Freiburg 1993.
3. Siehe unter anderem CAVALLARO, FELICE. *Mafia album di Cosa Nostra*, Mailand 1992, S. 3, und LUPO, SALVATORE. *Die Geschichte der Mafia*, Düsseldorf 2002.
4. ROMANO, S. F. *Breve storia della Sicilia*, Radiotelevisione Italiana, Turin 1964, S. 187 (siehe auch: VOLTAIRE, *Zaire*, hier wird die Episode ein bisschen anders erzählt; Anmerkung des Übersetzers).
5. Siehe hierzu: CAVALLARO, FELICE. *Mafia album di Cosa Nostra*, S. 3.
6. ARCHIVIO STORICO DEL MUSEO NAZIONALE DI NAPOLI , Fondo Nisco, 15, XLVIII–LIV
7. FRANCHETTI, LEOPOLDO. *Condizioni politiche e amministrative della Sicilia*, in: FRANCHETTI, LEOPOLDO / SONNINO, SIDNEY. *La Sicilia nel 1876*, 2007 (digitale Ausgabe: www.intratext.com/IXT/TA2434/_P1K.HTM), entnommen der ersten gedruckten Ausgabe, Florenz 1925, Buch I, Kapitel I, Absatz 27.
8. Ebd.
9. PANTALEONE, MICHELE. *Mafia e politica*, Turin 1962, S. 8.
10. FRANCHETTI, LEOPOLDO. *Condizione*, Buch I, Kapitel 1, Absatz 38.
11. PANTALEONE, MICHELE. *Mafia e politica*, S. 10–15.
12. LUPO, SALVATORE. *Die Geschichte der Mafia*.
13. Ebd.
14. DICKIE, JOHN. *Cosa Nostra. Die Geschichte der Mafia*, Frankfurt am Main 2007.
15. NOVACCO, DOMENICO. *Mafia ieri, mafia oggi*, Mailand 1972, S. 51.
16. MARINO, G. C. *Storia della mafia*, Rom 1998, S. 62–63.
17. LUPO, SALVATORE. *Die Geschichte der Mafia*.
18. FRANCHETTI, LEOPOLDO. *Condizione*, Buch I, Kapitel 2, Absatz 30.
19. LUPO, SALVATORE. *Die Geschichte der Mafia*.
20. SONNINO, SIDNEY. *I contadini in Sicilia*, in: FRANCHETTI, LEOPOLDO / DERS. *La Sicilia nel 1876*, Buch II, Kapitelergänzung, Absatz 133.
21. MARINO, G. C. *Storia della mafia*, S. 62–63.
22. LUPO, SALVATORE. *Die Geschichte der Mafia*.
23. MARINO, G. C. *Storia della mafia*, S. 81 ff.
24. Siehe unter anderem PEDIO, TOMMASO. *Inchiesta Massari sul brigantaggio*, Manduria – Bari – Rom 1998; MATTEI, ANTONIO. *Brigantaggio sommerso*, Rom 1980; *Sisto V e il brigantaggio nello Stato pontificio*, erschienen in der Reihe Roma e i suoi personaggi, Rom 1967; CAVOLI, ALFIO. *Lo sparviere della Maremma*, Roma 1990; BORGES, JOSÉ. *La mia vita tra i briganti*, Manduria – Bari – Rom 1964; CONTI, GIOVANNI. *L'Italia nella servitù*, Rom 1952; CINGARI, GEATANO. *Brigantaggio, proprietari e contadini nel Sud (1799–1900)*, Reggio Calabria 1976.
25. LUPO, SALVATORE. *Die Geschichte der Mafia*.
26. PONTIERI, ERNESTO. *Il Riformismo borbonico nella Sicilia del 700 e dell' 800*, Neapel 1965, S. 243.
27. PALIOTTI, VITTORIO. *Storia della Camorra*, Rom 2006, S. 77 ff.

Die Mafia in den Vereinigten Staaten

1. LUPO, SALVATORE. *Die Geschichte der Mafia*.
2. Vgl. MARINO, G. C. *Storia della mafia*, S. 101, und LUPO, SALVATORE. *Die Geschichte der Mafia*.
3. LUPO, SALVATORE. *Die Geschichte der Mafia*.
4. LUPO, SALVATORE. *Quando la mafia trovò l'America*, Turin 2008, S. 12.
5. RAAB, SELWYN. *Le Famiglie di Cosa Nostra*, Rom 2009, S. 31.
6. LUPO, SALVATORE. *Quando la mafia trovò l'America*, S. 23.
7. PETACCO, ARRIGO. *Joe Petrosino*, Mailand 1972, S. 31.
8. LUPO, SALVATORE. *Quando la mafia trovò l'America*, S. 16 ff.
9. PETACCO, ARRIGO. *Joe Petrosino*, S. 34 ff.
10. VALMONT, ANDRÉ. *L'Histoire vraie du banditisme. L'Amérique face aux gangs*, Paris 1996, S. 17.
11. LUPO, SALVATORE. *Quando la mafia trovò l'America*, S. 49.
12. TENTI, GIANLUCA. *Mafia Americana*, Florenz 2006, S. 71.
13. VALMONT, ANDRÉ. *L'Histoire vraie du banditisme*, S. 48.
14. LUPO, SALVATORE. *Quando la mafia trovò l'America*, S. 50.
15. RAAB, SELWYN. *Le Famiglie di Cosa Nostra*, S. 51.
16. TENTI, GIANLUCA. *Mafia Americana*, S. 105 ff.
17. SCIASCIA, LEONARDO. »La storia della mafia«, in: *Storia Illustrata*, Mailand April 1972, Nr. 173, S. 46.
18. RAAB, SELWYN. *Le Famiglie di Cosa Nostra*, S. 549.

Lucky Luciano. Die Cosa Nostra und ihre Verstrickung in die internationale Politik

1. RAAB, SELWYN. *Le Famiglie di Cosa Nostra*, S. 46.
2. LUPO, SALVATORE. *Quando la mafia trovò l'America*, S. 66.
3. Ebd., S. 69.
4. RAAB, SELWYN. *Le Famiglie di Cosa Nostra*, S. 41.
5. Ebd., S. 39.
6. LUPO, SALVATORE. *Quando la mafia trovò l'America*, S. 110.
7. RAAB, SELWYN. *Le Famiglie di Cosa Nostra*, S. 42.
8. LUPO, SALVATORE. *Quando la mafia trovò l'America*, S. 61.
9. RAAB, SELWYN. *Le Famiglie di Cosa Nostra*, S. 44.
10. LUPO, SALVATORE. *Quando la mafia trovò l'America*, S. 63.
11. Ebd., S. 52.
12. RAAB, SELWYN. *Le Famiglie di Cosa Nostra*, S. 41 und 48.
13. LUPO, SALVATORE. *Quando la mafia trovò l'America*, S. 96 ff.
14. KEFAUVER, ESTES. *Il Gangsterismo in America*, Turin 1959, S. 33.
15. LUPO, SALVATORE. *Quando la mafia trovò l'America*, S. 127.
16. Ebd., S. 128.
17. TENTI, GIANLUCA. *Mafia Americana*, S. 143.

18. LUPO, SALVATORE. *Die Geschichte der Mafia*, S. 226.
19. KEFAUVER, ESTES. *Il Gangsterismo in America*, S. 48–49.
20. CASARRUBEA, GIUSEPPE / CEREGHINO, MARIO J. *Lupara Nera*, Mailand 2009, S. 179.
21. Ebd., S. 177 ff.
22. PANTALEONE, MICHELE. *Mafia e politica*, S. 44–46.
23. DICKIE, JOHN. *Cosa Nostra*, S. 277.
24. Ebd.
25. LUPO, SALVATORE. *Quando la mafia trovò l'America*, S. 141.
26. MARINO, G. C. *Storia della mafia*, S. 153.
27. DICKIE, JOHN. *Cosa Nostra*, S. 271.
28. Ebd., S. 268.
29. CASARRUBEA, GIUSEPPE / CEREGHINO, MARIO J. *Lupara Nera*, S. 169.
30. Ebd.
31. PANTALEONE, MICHELE. *Mafia e politica*, S. 44.
32. TERESA, VINCENZO. *Piombo nei dadi*, Mailand 1973, S. 67–68.
33. GARRISON, JIM. *JFK, Affaire non classée*, 1992, S.14–15.
34. ALVAREZ, LUIS WALTER. »A physicist examines the Kennedy assassination film«, in: *American Journal of Physics*, Bd. 44, Nr. 9, September 1976.
35. RAAB, SELWYN. *Le famiglie di Cosa Nostra*, S. 154–155.

Die Bande zwischen Mafia und Politik in Italien nach 1945

1. BARONI, PAOLA / BENVENUTI, PAOLO. *Segreti di Stato*, Rom 2003, S. 41.
2. CASARRUBEA, GIUSEPPE / CEREGHINO, MARIO J. *Lupara Nera*, S. 321.
3. MARINO, G. C. *Storia della mafia*, S. 186.
4. LUPO, SALVATORE. *Storia della mafia*, S. 230.
5. DINO, ALESSANDRA (Hrsg.). *Criminalità dei potenti e metodo mafioso*, Udine 2009, S. 86.
6. NARA-Archiv, Rg. 126, S. 210, B. 432, f. 8, zitiert nach: CASARRUBEA, GIUSEPPE / CEREGHINO, MARIO J. *Lupara Nera*, S. 370.
7. NARA-Archiv, Rg. 226, S. 174, B. 141, f. 1048, *avvenimenti politici*, zitiert nach: CASARRUBEA, GIUSEPPE-CEREGHINO, MARIO J. *Lupara Nera*, S. 372.
8. PETROTTA, FRANCESO. *La Strage e i depistaggi*, Vorwort von LUPO, SALVATORE, Rom 2009, S. 14–15.
9. MARAN, A. G. D. *Mafia, Inside the Dark Heart*, London – Edinburgh 2009, S. 150.
10. MARINO, G. C. *Storia della mafia*, S. 222.
11. Ebd., S. 268.
12. FALZONE, MICHELE. *Mafia. Dal feudo all'eccidio di Via carini*, Palermo 1983.
13. LUCENTINI, UMBERTO. *Paolo Borsellino. Il valore di una vita*, Mailand 1994, S. 290.
14. Siehe hierzu ABBATE, LIRIO. »Tra mafia e Stato«, in: *L'Espresso* Nr. 43, 29. Oktober 2009.

Paten und Frauen der Mafiosi

1. PANTALEONE, MICHELE. *Mafia e politica*, S. 46.
2. DICKIE, JOHN. *Cosa Nostra*, S. 79.
3. DOLCI, DANILO. *Spreco*, Turin 1960, S. 183.
4. PANTALEONE, MICHELE. *L'Antimafia in tribunale*, Neapel 1976, S. 64 (Fotoanhang).
5. Ebd., S. 61.
6. CASARRUBEA, GIUSEPPE / CEREGHINO, MARIO J. *Lupara nera*, S.188.
7. PANTALEONE, MICHELE. *Mafia e droga*, Turin 1978, S. 78.
8. LUPO, SALVATORE *Storia della mafia*, S. 256.
9. MARINO, G.C. *Storia della mafia*, S. 210.
10. Ebd., S. 224.
11. ARMATI, CRISTIANO / SELVETELLA, YARI. *Roma criminale*, Rom 2005, S. 249 ff.
12. LUPO, SALVATORE. *Quando la mafia trovò l'America*, S. 258 und 259.
13. TORREALTA, MAURIZIO. *Ultimo, il Capitano che arrestò Totò Riina*, Mailand 1995.
14. ZINGALES, LEONE. *Il Padrino ultimo atto*, Reggio Emilia 2006, S. 109.
15. CRINÒ, PAOLO. *Le Subculture mafiose*, Neapel 2009, S. 97 ff.
16. Siehe hierzu *L'Express*, »Quand les femmes prennent le pouvoir dans la mafia«, 13.–19. August 2009.
17. LODATO, SAVERIO. *Trent' anni di mafia*, Mailand 2006, S. 483.
18. PALIOTTI, VITTORIO. *Storia della camorra*, Rom 2006, S. 217 ff.
19. »Quand les femmes prennent le pouvoir dans la mafia«.

Beseitigungsmethoden und Mafia-Opfer

1. DICKIE, JOHN. *Cosa Nostra*, S. 131.
2. RAAB, SELWYN. *Le Famiglie di Cosa Nostra*, S. 73 ff.
3. KEFAUVER, ESTES. *Il Gangsterismo in America*, S. 47.
4. DICKIE, JOHN. *Cosa Nostra*, S. 143.
5. CERUSO, CERUSO. *Le sagrestie di Cosa Nostra*, Rom 2007, S. 50 ff.
6. LODATO, SAVERIO. *Ho ucciso Giovanni Falcone, la confessione di Giovanni Brusca*, Mailand 1999, S. 149.
7. Ebd., S. 157.
8. Ebd., S. 152.
9. Ebd., S. 151.
10. CRINÒ, PAOLO. *Le Subculture mafiose*, S. 103 und 104.
11. LUPO, SALVATORE. *Quando la mafia trovò l'America*, S. 247 und 248.
12. RAAB, SELWYN. *Le Famiglie di Cosa Nostra*, S. 384 (Fotoanhang).
13. LUPO, SALVATORE. *Quando la mafia trovò l'America*, S. 262.
14. MARINO, G.C.. *Storia della mafia*, S. 390 (Begründungen des Urteils des Landgerichts Palermo von 23. Oktober 1999).
15. POMA, ROSARIO / PERRONE, ENZO. *La Mafia, nonni e nipoti*, Florenz 1971, S. 42.
16. CAVALLARO, FELICE. *Mafia album di Cosa Nostra*, S. 176.
17. PALAZZOLO, SALVO. »Falcone, Antimafia e Copasir riaprono il caso Addaura« , in:

La Repubblica, 8. Mai 2010, S. 16–17.
18. BOLZONI, ATTILIO. *Faq Mafia*, Mailand 2010.
19. LUPO, SALVATORE. *Storia della mafia*, S. 302.

Kampf gegen die Mafia

1. MORELLO, PAOLO. *Briganti, fotografia e malavita nella Sicilia dell'Ottocento*, Palermo 1999, S. 20 ff.
2. Ebd., S. 86.
3. RAAB, SELWYN. *Le Famiglie di Cosa Nostra*, S. 32.
4. PANTALEONE, MICHELE. *Mafia e politica*, S. 39.
5. MORI, CESARE. *Con la mafia ai ferri corti*, Verona 1932, S. 354–355.
6. PANTALEONE, MICHELE. *Mafia e politica*, S. 42.
7. CAVALLARO, FELICE. *Mafia album di Cosa Nostra*, S. 215.
8. MARINO, G.C.. *Storia della mafia*, S. 224.
9. POMA, ROSARIO / PERRONE, ENZO. *La Mafia, nonni e nipoti*, S. 293.
10. STILLE, ALEXANDER. *Die Richter. Der Tod, die Mafia und die italienische Republik*, München 1997 (amerikanische Originalausgabe: *Excellent Cadavers. The Mafia and the Death of the First Italian Republic*, 1995).
11. LUPO, SALVATORE, *Storia della mafia*, S. 293.
12. Ebd., S. 292.
13. LODATO, SAVERIO. *Ho ucciso Giovanni Falcone, la confessione di Giovanni Brusca (Ich habe Giovanni Falcone umgebracht. Das Geständnis von Giovanni Brusca)* Mailand 1999, S. 94 ff.
14. LUCENTINI, UMBERTO. *Paolo Borsellino, il valore di una vita (Der Wert eines Lebens)*, Mondadori Mailand 1994, S. 300.

Die großen Mafiosi: von Tommaso Buscetta zu Giovanni Brusca

1. Siehe hierzu CAVALLARO, FELICE. *Mafia album di Cosa Nostra*, S. 140 ff., und RESKI, PETRA. *Mafia. Von Paten, Pizzerien und falschen Priestern*, München 2008.
2. MARINO, G.C.. *Storia della mafia*, S. 245.
3. LUPO, SALVATORE. *Che cosa è la mafia*, Rom 2007, S. 21.
4. DICKIE, JOHN. *Cosa Nostra*, S. 133–135.
5. PANTALEONE, MICHELE. *Mafia e politica*, S. 11.
6. LODATO, SAVERIO. *Trent'anni di mafia*, S. 24.
7. Ebd., S. 25.
8. LUPO, SALVATORE. *Storia della mafia*, S. 297.
9. LODATO, SAVERIO. *Trent'anni di mafia*, S. 155–156.
10. Text der Aussage vom 21. Juli 1984 und der folgenden Tage, zitiert nach LUPO, SALVATORE, *Che cosa è la mafia*, S. 21.
11. DICKIE, JOHN. *Cosa Nostra*, S. 36.
12. STILLE, ALEXANDER. *Die Richter. Der Tod, die Mafia und die italienische Republik*.
13. LODATO, SAVERIO. *Ho ucciso Giovanni Falcone*, S. 9.
14. Ebd., S. 86 und 87.
15. DICKIE, JOHN. *Cosa Nostra*, S. 34.
16. CERUSO, VINCENZO. *Le sagrestie di Cosa Nostra (Die Sakristeien der Cosa Nostra)*, S. 152.
17. Während eines Sizilienbesuchs im Mai 1993.
18. Rede Johannes Pauls II. anlässlich der III. Nationalen Kirchentagung in Palermo (23. November 1995), siehe www.vatican.va/holy_father/john_paul_ii/speeches/1995/november/documents/hf_jp-ii_spe_19951123_palermo_it.html.

Die finanzielle Organisation der Mafia

1. SHORT, MARTIN. *The Rise of the Mafia*, London 2009, S. 302.
2. RAAB, SELWYN. *Le Famiglie di Cosa Nostra*, S. 178.
3. MARINO, G.C. *Storia della mafia*, S. 259.
4. Siehe auch SAUBABER, DELPHINE. »Le vrai pouvoir des mafias«, in: *L'Express*, 7. August 2008.
5. CICONTE, ENZO. *'Ndrangheta dall'Unità a oggi*, Rom–Bari 1992, S. 362.
6. RESKI, SILVIA. *Mafia*.
7. Zu den Tätigkeiten des Casalesi-Clans siehe CAPACCHIONE, ROSARIA. *L'Oro della Camorra*, Biblioteca Universale Rizzoli, Mailand 2008.
8. Siehe *La Repubblica*, 23. Dezember 2009, S. 29.
9. VELTRI, ELIO / LAUDATI, ANTONIO. *Mafia pulita*, Mailand 2009, S. 114.
10. Siehe hierzu den Bericht (Centro Studi Investimenti Sociali) aus dem Jahr 2009, der an die parlamentarische Mafia-Untersuchungskommission übermittelt wurde.
11. »Mafia: boosted by credit crisis«, *BBC*-Nachrichten, 12. November 2008.
12. SHORT, MARTIN. *The Rise of the Mafia*, S. 308.
13. Siehe hierzu den Bericht über die Maßnahmen des italienischen Innenministeriums zur Bekämpfung der Mafia (www.interno.it, »Lotta alla mafia«).
14. VELTRI, ELIO / LAUDATI, ANTONIO. *Mafia pulita*.

Die internationalen Mafias: von der japanischen Yakuza zur Russenmafia und den Triaden Chinas

1. VELTRI, ELIO / LAUDATI, ANTONIO. *Mafia pulita*, S. 45–46.
2. PANARA, MARCO. »Italia al primo posto nel G5 delle mafie«, in: *La Repubblica*, 29. Oktober 2010, S. 3.
3. CRETIN, THIERRY. *Mafia(s), à la découverte des sociétés du crime*, Périgueux 2009, S. 130.
4. Ebd., S. 52 und 54.
5. CRETIN, THIERRY. Ebd., S. 55.
6. CHOSSUDOVSKY, MICHEL. »The war in Chechnya«, in: *America's War on Terrorism*, Global Research, Montreal 2005.
7. MARINO, G.C.. *Storia della mafia*, S. 369.
8. CRETIN, THIERRY. *Mafia(s)*, S. 120.
9. Ebd., S. 122–123.
10. VELTRI, ELIO / LAUDATI, ANTONIO. *Mafia Pulita*, S. 153.
11. Ebd., S. 185–186.
12. MASTROGIOVANNI, FEDERICO. »Narcos e 'Ndrangheta i fratelli della droga«, in: *Il Fatto quotidiano*, 23. Dezember 2009.

Die Mafia im Film

1. Siehe Kommentar zum Film von SAVIANO, ROBERTO, *Lettera all'Italia Infelice (Brief an das unglückliche Italien) L'Espresso*, Nr. 42, 22. Oktober 2009.
2. LUPO, SALVATORE. *Storia della mafia (Geschichte der Mafia)*, ebd., S. 251.

GLOSSAR

AMGOT (Allied Military Governement of Occupied Territories): alliierte Militärverwaltung, die als Interimsregierung in den befreiten europäischen Staaten eingesetzt wurde.

Bootlegger: Alkoholschmuggler während der Prohibition in den USA (von Januar 1920 bis Dezember 1933). Das Einfuhrverbot führte zu einem beträchtlichen Aufschwung des Schmuggels (dieser bestand in der heimlichen Einfuhr verbotener Waren sowie der Verweigerung der Zollabgaben, die auf den Handel mit legalen Produkten entfielen).

Boss der Bosse: Bezeichnung des Oberhaupts der »Kuppel«.

Boss: (englisch: *Chef*) ist der am weitesten verbreitete Begriff, mit dem diejenigen bezeichnet werden, die in kriminellen Organisationen eine Machtposition innehaben – so auch bei der Cosa Nostra und der sizilianischen Mafia. Der Boss der wichtigsten Familien wird Pate (*padrino*) genannt, während als Mafiaboss (*capo-mafia*) derjenige bezeichnet wird, der das Kommando innerhalb einer der Gruppen innehat, die Teil einer Familie sind. Der Boss der Bosse (*capo dei capi*) ist das Oberhaupt der »Kuppel«.

Brokers: englischer Begriff für Zwischenhändler oder Zwischenhandelsgesellschaft. Ein Broker vermittelt bei Handels-, Finanz- und Immobilientransaktionen.

Cadaveri eccellenti (»berühmte Leichen«): der von den italienischen Medien üblicherweise verwendete Ausdruck für Mafia-Opfer, die wichtige institutionelle Ämter bekleideten (Politiker, Richter oder hohe Polizeibeamte).

Camorra: kriminelle Mafia-Organisation in Neapel und der Region Kampanien.

Campiere, campieri: privater Feldhüter, der den Besitz überwachte und meistens dem Befehl und der Kontrolle eines *gabellotto* unterstand. Der *campiere* nahm einen untergeordneten Rang in der Hierarchie der ländlichen Mafia Siziliens ein.

Cosa Nostra: Name der italo-amerikanischen Mafia. Im Jahr 1963 sprach Joe Valachi als erster Kronzeuge öffentlich von der Existenz einer Geheimgesellschaft, die sich aus sizilianischen Immigranten zusammensetzte und in den USA kriminelle Ziele verfolgte. Die einzelnen Banden der italo-amerikanischen Mafiosi führten je nach Stadt, in der sie agierten, unterschiedliche Namen, zum Beispiel *The Outfit* in Chicago oder *The Arm* in Buffalo. Auf Grundlage der Aussagen vieler ausgestiegener Mafiosi wird ab den 1980er-Jahren der Begriff Cosa Nostra auch für die sizilianische Mafia verwendet.

Cosca, cosche: ist die kleinste Einheit der sizilianischen Mafia, die »Familie«. Das Wort *cosca* bezeichnet im sizilianischen Dialekt den Blätterkranz der Artischocke und symbolisiert die starke Einheit zwischen den Mitgliedern der Mafia.

Crimor: Abkürzung für *Crimine organizzato* (organisiertes Verbrechen). Codename der Spezialeinheit, die auf den Kampf gegen die Mafia und die Suche nach Untergetauchten spezialisiert ist. Der Einheit gelang im Jahr 1993 die Ergreifung von Totò Riina.

Ehrenmänner: Bezeichnung derjenigen, die der Mafia gegenüber ihren Schwur geleistet haben. Das Adjektiv *mafioso* gehört genauso wenig wie das Wort »Mafia« zum Vokabular der Clans. Für die Ehrenmänner hat das Wort »Mafia« keine kriminelle Bedeutung, es handelt sich vielmehr um einen Staat im Staat, der eigenen Regeln folgt und einen eigenen Ehrenkodex hat.

Faida: Kampf zwischen rivalisierenden Banden einzelner Mafiafamilien, der von Rache und Vergeltung geschürt wird. Im deutschen Recht des Mittelalters wurde unter dem Begriff *fehida* oder *fehde* einer freien Person das Recht eingeräumt, auf Gewalt zurückzugreifen, um eine Wiedergutmachung zu erlangen.

Federación: Bezeichnung der unter einem gemeinsamen Kommando zusammengeschlossenen südamerikanischen Kartelle. Aufgaben der Federación sind die Aufteilung des Drogenmarkts und die Organisation von Transport und Verkauf.

French Connection: Name des logistischen Netzes, über das die Mafia und andere kriminelle Organisationen den Heroinhandel zwischen Europa und den USA bis Anfang der 1970er-Jahre abwickelten. Das aus dem Mittleren Osten und Südostasien importierte Opium wurde in Frankreich weiterverarbeitet und dann nach Nordamerika exportiert.

Freund der Freunde (Amico degli amici): Zugehörigkeit einer Person zu einem Netzwerk, das auf gegenseitigen Interessen und Komplizenschaft bei illegalen Handlungen basiert. Der Ausdruck wurde erstmals im 17. Jahrhundert von dem Historiker Vincenzo Di Giovanni verwendet. In einem Text für die Stadt Palermo und die Zunft der Bankiers und Händler aus Pisa preist er einen *cavalieri* und bezeichnet ihn als »mächtigen Freund der Freunde«. Der Ausdruck *Amigos de los amigos* ist auch der Name einer Mafiaorganisation, die den Drogenhandel in den Favelas von Rio de Janeiro, Brasilien, organisiert.

FSS (Field Security Service): Spionageabwehr-Dienst der Briten in Süditalien während des Zweiten Weltkriegs.

Gabellotto, gabellotti: auf Sizilien Bezeichnung für eine Person, die Teile der Landgüter eines Großgrundbesitzers pachtete und dafür eine sogenannte *gabella* (Steuer, Kaution) zahlte. Die *gabellotti* waren Stützpfeiler eines Feudalsystems, das auf der Ausbeutung der Bauern beruhte. Dieses System gilt als Ursprung der Mafia auf dem Land.

Geldwäsche: verdecktes Einschleusen illegal erwirtschafteter Vermögenswerte in den legalen Finanz- (beispielsweise Devisenausfuhr in sogenannte Steuer-paradiese) oder Wirtschaftskreislauf (beispielsweise Erwerb von Supermärkten, Restaurants, Bars) zur Verwischung der Spuren.

Goldenes Dreieck: Region in Südostasien (Birma, Laos und Thailand), die bis Ende der 1990er-Jahre den weltweiten Bedarf an Opium deckte.

Guaglione, guaglioni: dialektale Bezeichnung für »junger Mann« (Neapel). Mit *guaglione* werden auch die jungen »Soldaten« der Camorra tituliert.

Hohe Mafia in gelben Handschuhen: obere Führungsebene der sizilianischen Verbrechenshierarchie, zu der auch korrupte Politiker und Vertreter anderer Institutionen zählen. Die Bezeichnung rührt daher, dass es sich früher nur reiche oder prominente Leute leisten konnten, gelbe Handschuhe, die als die kostbarsten galten, zu tragen.

Initiation: Ritual, das die Aufnahme in eine mafiose Organisation formalisiert und je nach Organisation variieren kann. Die mystische Komponente des Rituals und der feierliche Treueschwur erschweren die Arbeit der Ermittler.

Kartelle (Carteles, cartelitos colombianos): auf Drogenhandel, insbesondere den Handel mit Kokain, spezialisierte kriminelle Organisationen in Südamerika. Die Verkleinerungsform *cartelitos* grenzt diese sehr viel kleineren Clans von den in Kolumbien während der 1980er- und 1990er-Jahre agierenden Clans ab (Cali-Kartell, Medellín-Kartell).

Kommission der Cosa Nostra: Anfang der 1930er-Jahre entstandenes Verbrechersyndikat zur Friedenssicherung und Koordinierung der Interessens- und Gebietsaufteilung unter den Familien der italo-amerikanischen Mafia.

Kronzeuge: geständiger Mafioso, der mit der Justiz zusammenarbeitet (*pentito*, wörtlich: Reuiger, Geständiger). Auf rechtlicher Ebene handelt es sich um einen Mafioso, der sich dazu entschließt, mit der Justiz zusammenzuarbeiten, Verbrechen zu gestehen und Informationen zu liefern, die dazu verwendet werden können, die Organisation zu bekämpfen. Ein Großteil der *pentiti* der Mafia, etwa Tommaso Buscetta, redet nicht aus Reue oder wegen moralischer Bedenken, sondern um sich zu rächen. Die geständigen Mafiosi kommen in den Genuss von Strafminderung und werden gemeinsam mit ihren Familien auch nach dem Verlassen des Gefängnisses in ein spezielles Zeugenschutzprogramm aufgenommen.

Kuppel (Regionalkommission): Führungskommission zur Koordination der einzelnen Familien der sizilianischen Mafia.

MIS: sizilianische Unabhängigkeitsbewegung, die, insbesondere nach der Landung der Alliierten auf Sizilien im Jahr 1943, die Insel vom Rest Italiens abtrennen wollte, um sich der Einmischung durch die Zentralregierung in Rom zu entziehen. Der MIS verfügte über eine Truppe bewaffneter Freiwilliger, die vom Banditen Salvatore Giuliano (Urheber des Blutbads von Portella della Ginestra im Jahr 1947) angeführt wurden.

Murder Inc.: So bezeichnete ein amerikanischer Journalist eine autonome Gruppe bezahlter Killer, die im New York der 1930er-Jahre für verschiedene Banden, unter anderem die Cosa Nostra, tätig war.

'Ndrangheta: kriminelle Mafiaorganisation in Kalabrien, Süditalien.

'Ndrine: Familienclans. Sie bilden die Basiseinheit der kalabrischen 'Ndrangheta.

Ökomafia: Neologismus, der sich aus den Begriffen »Ökologie« und »Mafia« zusammensetzt. Mit diesem Begriff werden kriminelle Vereinigungen bezeichnet, die aus dem illegalen Handel mit giftigen privaten Abfällen und Industrieabfällen Profit ziehen. Es handelt sich hierbei in erster Linie um Banden der neapolitanischen Camorra und der kalabrischen 'Ndrangheta.

Omertà: »Gesetz des Schweigens«, das jedes Mitglied innerhalb der sizilianischen Mafia bei Todesstrafe dazu verpflichtet, absolutes Stillschweigen über die Organisation und ihre Machenschaften zu bewahren.

Operation Husky: Deckname für die Invasion der Alliierten auf Sizilien im Juli 1943.

Organizatsya: einer der Namen der Russenmafia (auch: *mafiya*).

OSS (Office of Strategic Services): amerikanischer Nachrichtendienst, Vorläufer des CIA (Central Intelligence Agency), der während des Zweiten Weltkriegs auf Sizilien operierte.

Pakhan (oder Boss): Bezeichnung der Person, die jeweils vier kriminelle Zellen innerhalb der Russenmafia kontrolliert.

Pate (Padrino): Das Wort leitet sich von *parrinu* ab, das im sizilianischen Dialekt Priester bedeutet. Der Bezug auf die Religion unterstreicht die strategische Rolle des *capo*: Er fungiert als Vertrauter, aber auch als Verteidiger von Recht und Ordnung, der im Fall von Drohungen und Übergriffen Schutz und Hilfe gewährt. Diese Definition ist heute Teil des Mythos Mafia.

Picciotto, picciotti: »Soldat« (einfaches Mitglied) der Mafia.

Pizza Connection: Name der von der Polizei Italiens und den USA im Juli 1979 initiierten Untersuchung des Heroinhandels zwischen den beiden Ländern.

Pizzo (Schutzgeld): »Steuer«, die von der Mafia (ebenso von der neapolitanischen Camorra und der kalabrischen 'Ndrangheta in ihren Territorien) für Geschäfte, Firmen, Unternehmungen und Freiberufler erhoben und mittels Erpressung und Einschüchterung eingeholt wird. Die Zahlung schützt vor Attentaten, Drohungen und körperlichen Übergriffen, denen diejenigen ausgesetzt sind, die sich dem Gesetz der Schutzgeldzahlungen widersetzen.

Projekt Unterwelt: von den amerikanischen Behörden geplante Geheimoperation nach Kriegseintritt (7. Dezember 1941) in Zusammenarbeit mit der Mafia und Vertretern der Unterwelt, um Sabotageakten und Attentaten auf den Hafen von New York zuvorzukommen.

Sacra Corona Unita: kriminelle Mafia-Organisation in Apulien.

Schwarze Hand (Mano Nera): Bande Krimineller, die sich in erster Linie aus Immigranten zusammensetzte, die Ende des 19. Jahrhunderts nach New York einwanderten und sich auf die Erpressung gebürtiger Italiener spezialisierte, welche in den USA als Kaufleute und Unternehmer tätig waren.

Sottomondo: zusammengesetzter Begriff aus *mondo di sotto* (wörtlich: Welt von unten), der die Welt des Verbrechens beschreibt, deren Regeln und perverse Moral im Gegensatz zur *sovramondo* (*mondo di sopra*, Welt von oben), der auf Recht und Gesetzen basierenden Gesellschaft, stehen. Es ist kein Zufall, dass die Amerikaner ihre Operation »Projekt Unterwelt« nannten; in dieser nutzten sie ihre Kontakte zur Unterwelt, die die Hafenarbeiter und Docks in New York während des Zweiten Weltkriegs kontrollierte.

Transversale Rache: die Ermordung von Verwandten oder nahestehenden Personen des Reuigen, der mit der Justiz kooperiert.

Triaden: Name von verschiedenen Gruppierungen, die der kriminellen Organisation mafiosen Typs in China zugeordnet werden.

Volstead-Gesetz: mit dem 1920 in Kraft getretenen 18. Zusatzartikel zur Verfassung der Vereinigten Staaten wurden Herstellung, Verkauf, Transport sowie Import und Export von alkoholischen Getränken landesweit verboten – der Beginn der Prohibition.

Weiße Hand: Zusammenschluss von Unternehmern, die sich der Mano Nera (Schwarze Hand) entgegenstellten und den Opfern von Erpressung und Wucher Geld liehen.

X-2: Spionageabwehr-Dienst des OSS (Office of Strategic services).

Yakuza: Bezeichnung des einzelnen japanischen Mafioso sowie der gesamten kriminellen Organisation mafiosen Typs in Japan.

IMPRESSUM

Die französische Originalausgabe erscheint 2011 unter dem Titel
»Mafia. Histoire et mythologie« bei Flammarion, Paris
© Flammarion SA, Paris, 2011

© 2011 für die deutschsprachige Erstausgabe
Bucher Verlag, München
www.bucher-verlag.de

Übersetzung aus dem Italienischen: Christina Weinig, Karlsruhe
Produktmanagement: Dorothea Teubner, Stefan Mayr
Korrektorat: Christa Marsen, Oberursel
Satz: Medienfabrik GmbH, Stuttgart
Gesamtherstellung: Bettina Schippel
Printed in Europe

Bibliografische Information der Deutschen Nationalbibliothek
Die Deutsche Nationalbibliothek verzeichnet diese Publikation in der Deutschen Nationalbibliografie; detaillierte
bibliografische Daten sind im Internet über http://dnb.d-nb.de abrufbar.

ISBN 978-3-7658-1865-3

 BUCHER

Abbildungsnachweis:
© SCALA, Florenz; De Agostini/Scala, Florenz; AGF/SCALA, Florenz; De Agostini/SCALA, Florenz;
WhiteImages/SCALA, Florenz; Heritage Images/SCALA, Florenz; abgesehen von: Universal/The Kobal
Collection, S. 192-193; Warner Bros/First National/The Kobal Collection, S. 194; Paramount/The Kobal
Collection, S. 197/198; HBO/The Kobal Collection, S. 199.

Texte sind Eigentum der SCALA GROUP Spa.